See Happiness Again
Home

又见幸福·家
——如何召开优度家会

仇东林 著

中国电力出版社
CHINA ELECTRIC POWER PRESS

内 容 提 要

本书主要内容包括价值、场域及场景，优度家会的必备环节，优度家会的流程，优度家会的价值等。本书旨在通过清单式的家庭互动方式，从家庭这个社会单位入手，推动和谐社会的建设。其中心内容是通过这本书指导每个家庭召开好优度家会，来让每一个家庭都能看到家庭中所蕴含的爱与幸福，那些原本被事业、成绩等外在的追求所遮盖的丰富情感，让我们以新的视角来看待家庭与家庭成员，发现每个家庭成员对家庭的贡献，也回到我们创建家庭的初心，是为了爱，是为了幸福人生。

本书可作为优度家会小程序的用户和优度教育的会员、家长、K12教育的教师、家庭教育的相关工作者的参考书。

图书在版编目（CIP）数据

又见幸福·家：如何召开优度家会／仇东林著． —北京：中国电力出版社，2020.1
ISBN 978-7-5198-4287-1

Ⅰ．①又… Ⅱ．①仇… Ⅲ．①家庭教育 Ⅳ．① G78

中国版本图书馆 CIP 数据核字（2020）第 032443 号

出版发行：中国电力出版社
地　　址：北京市东城区北京站西街 19 号（邮政编码 100005）
网　　址：http://www.cepp.sgcc.com.cn
责任编辑：冯宁宁（010-63412537）
责任校对：黄　蓓　郝军燕
装帧设计：张俊霞
责任印制：吴　迪

印　　刷：北京博图彩色印刷有限公司
版　　次：2020 年 2 月第一版
印　　次：2020 年 2 月北京第一次印刷
开　　本：710 毫米 ×1000 毫米　16 开本
印　　张：8
字　　数：121 千字
定　　价：38.00 元

版 权 专 有　侵 权 必 究

本书如有印装质量问题，我社营销中心负责退换

本书不会

- 给你讲复杂深奥的理论知识，因为你回到家也不知道怎么用。
- 告诉你遇到具体的行为应该怎么做，因为这不能让你举一反三。

本书要做到

- 阅读学习的时间不超过2个小时。
- 接轨当前最前沿的教育理论。
- 介绍一个家庭教育的工具，让你回到家就能用。
- 效果让你震撼，让您的家庭变得温馨、互相理解和和谐。
- 同时给你一个让你持续进步，获得家庭幸福的工具。

自　序 Sequence

想说爱你，并不是很容易的事

越是在青少年教育领域投入精力和时间，越是和家长、孩子们交流的多，就越发感到家庭教育对于家长和孩子来讲，越是重要，越感觉到家长和孩子们双方的不易，尤其是对于家长来讲，更是既有挑战，也有来自各方面的压力和自身的焦虑。家长越是内心有焦虑和压力，就越容易用拙力，越容易用力过猛，这样的结果只能是适得其反，事与愿违，然后造成更大程度的焦虑和压力，如此循环往复，恶性循环一点一点地慢慢形成了。

一直记得 2018 年 11 月份的一天，当时我在一个全国著名的中学做了一个"构建幸福家庭"的讲座，讲座结束后，一位家长在后台拦住了我，流着眼泪给我讲了自己内心的纠结和负罪感，她讲到了孩子怎样和她对抗，讲到了孩子如果再不服从学校的管理就会被劝退，还讲到了作为曾经是一所中学校长的她，怎样把成百上千的孩子送到了大学，但是轮到自己唯一女儿的孩子，却是那么的无能为力，以至于对自己以往教育方法和理念产生了质疑，甚至还触及了自己的教育观，然后是价值观和世界观……

在她的讲述中，我仿佛看到了中国家长们的焦虑和无奈，看到了不同年龄阶段孩子们的痛苦和挣扎，看到了当前教育工作者的尝试和疑虑，看到了这个时代对教育的挑战。同时，也看到新的技术、新的理念给教育带来的新机会。

不管中西方，家长们都是不容易，很多都是充满了憧憬但又一次次破灭，直至失望、沮丧。曾经在一本书上看到这样一则招聘启事：

招聘启事

1. 职位名称

（1）妈姆，妈咪，妈妈，妈，老妈。

（2）爸爸，爹，爸，老爸。

2. 职位描述

（1）需长期工，不得辞职，要有团队合作意识，能在经常性的嘈杂环境中从事具有挑战性的永久性的工作。

（2）应征者须具备出色的沟通技巧和组织能力，需乐意在任何时间工作，其中包括晚上和周末，须经常24小时随时待命上岗。

（3）有时需彻夜出差，差旅费不予报销，还需做大量仆人性的工作。

3. 工作职责

（1）终生任职。

（2）必须乐意被恨，至少暂时被恨，直到有人需要零花钱。

（3）必须乐意经常咬紧牙关保持沉默。

（4）此外，须具备相当体力，健硕如牛。

（5）必须接听电话，安排日程并能协调分配各科家庭作业。

（6）必须有能力为来自各年龄段以及处于各种情感状态的客户计划并组织聚会。

（7）必须乐意前一分钟还不可或缺，后一分钟就面临尴尬难堪的情况。

（8）必须对任何事都抱着最好的希望但要做好最坏的准备。

（9）必须为成品的质量负终极全面责任。

（10）职责还包括保持地面干净以及照管房屋的所有设施。

4．任职资格

（1）资格要求。

1）不限学历和专业，但需要有一定的培训经验和学习，并要求每月与孩子在一起的时间不低于30小时。

2）知识要求：健康知识、理财知识、生活常识、社会知识。

3）技能要求：沟通说服技能、激励约束技能、学习辅导技能、知识教授技能、良好行为习惯培养技能、社交圈建立和扩展技能、教育资源获取技能、良好家庭环境建设技能等。

（2）行为标准。

1）健康类。

① 保证子女有充足的休息（睡觉）时间。

② 监督子女定期进行身体锻炼。

③ 具有较好的烹饪手艺，合理进行营养搭配。

④ 培养子女良好的心理素质，关注并维护子女心理健康。

⑤ 树立子女处理事情的阳光心态。

⑥ 对子女进行高尚的思想品德教育，帮助子女抵御精神垃圾。

2）生活类。

① 帮助子女养成良好的生活习惯，并长期监督。

② 培养孩子衣食住行的技能。

③ 培养孩子自立的能力和习惯。

④ 建立良好的家庭环境。

⑤ 照顾好子女的生活。

⑥ 及时纠正子女的错误。

⑦ 培养子女勤奋的优良品质，让子女热爱劳动。

3）医药类。

① 帮助子女掌握基础的医药常识。

② 指导子女正确使用医药进行身体保健。

③ 及时准确处理子女各类疾病。

4）情绪类。

① 教会子女如何控制自己的情绪。

② 培养子女自我管理、自我激励和自我约束的技能。

③ 帮助子女"克制嫉妒、告别自负、戒除虚荣、远离懒惰、杜绝贪婪、驱逐恐惧、解除依赖、走出自私、扫除灰色情绪、敞开心扉、打破自闭、学会放松、控制焦虑、增强自信、铲除自卑、对羞怯说不、少安毋躁、消除抱怨、戒除浮躁、填充空虚、消除紧张、适时调整心态、不要狭隘、放弃仇恨、正视自己、摒弃吝啬、别怕失败、不要固执、做人不必太爱面子、戒除不良习性、莫占小便宜、挣脱网络的诱惑、战胜厌食的怪兽、抵抗暴食的恶魔、不要疯狂购物"。

④ 时时监控子女的情绪。

5）学习类。

① 给子女提供一流水平的幼儿园、中小学教育平台。

② 帮助子女获取各类学习资源。

③ 教授子女各类学习技能。

④ 辅导子女学习。

⑤ 开发子女的智商、情商、逆境商、财商。

⑥ 带领子女参加各类竞赛。

6）综合能力素质类。

① 让子女学会一门乐器。

② 让子女有一项体育特长。

③ 让子女能说一口流利的英语。

④ 让子女能言善辩。

⑤ 让子女拥有一颗善良的心。

⑥ 让子女拥有永不言败的精神。

7）理财类。

① 引导子女如何消费。

② 教会子女如何理财。

③ 教育子女如何投资。

8）旅游类。

① 带领子女游遍祖国的名山大川。

② 和子女一起体验各地的风土人情。

③ 给子女讲述各类典故。

9）人际交往类。

① 建立家庭的社交圈。

② 与子女的老师建立良好而长期的关系。

③ 帮助子女建立社交圈。

10）人生发展类。

① 引导孩子，让其树立远大理想。

② 让子女明白，人生要活得有价值，对社会要有贡献。

③ 帮助孩子树立自己的人生发展目标。

（3）素质要求。

1）领导能力。

① 通过对家庭内外环境的分析判断，制定子女教育的中长期发展目标，并能把具体行动安排和整体教育发展目标有效结合起来的能力。

② 理解子女教育发展战略并在日常工作中考虑到对家庭长远目标的影响。

2）管理能力。

运用数据、事实等直接影响手段，或通过人际关系、个人魅力等间接策略来影响子女，使其接受自己的观点或使其产生预想行为的能力。

3）专业素质。

在内心中将自己塑造成子女教育领域的专家形象，主动实施或提供专业级的行为或指导。

4）思维能力。

通过把整体分解为部分来认识事物的能力，即对问题进行逐步推进式的分析，进行前因后果的线性分析能力，这种能力多见于辅导孩子作业的过程中。

5）个人特质。

①强烈的教子成龙、教女成凤的成功愿望，不断设定挑战性的目标挑战自我，关注子女人生的发展，追求子女教育事业的成功和卓越。

②有家庭教育事业心，设定高标准的自我挑战目标。

6）沟通能力。

①针对子女，通过倾听、清晰表达自己的意见，并及时、有策略地与子女进行有效沟通的能力。

②有与子女沟通的愿望，善于倾听，理解子女的观点，并能向子女清楚表达自己的观点。

7）坚持不懈。

①坚定不移地沿着既定的教育目标前进并持续关注教育目标，即使处于艰苦或不利的情况下，也能克服外部和自身的困难，坚持实现教育目标。

②在遇到困难时不放弃，能尝试多种方法去克服困难。

8）诚信正直。

①能依据事物原本的情况处理家庭中的事务，不受个人利益、好恶的影响，信守承诺，正确对待自己的错误。

②要遵纪守法、信守承诺、实事求是、正直廉洁。

9）敬业精神。

①具有使命感，热爱子女教育，认可自己的职责，可以全身心投入到子女教育中去，尽心尽力采取行动去完成教育任务。

②甘于奉献，不怕劳苦，尽心完成优秀家长应尽的职责。

10）责任心。

①认可自己的职责，认真地采取行动去完成这些职责，并自发自觉地承担后果。

②对于所负责的事项出现问题时不推诿，敢于承担责任并设法解决问题。

看看，能达到这样的标准，该是多么完美的"家长"啊！

这就是家长自己，也是社会对家长隐含的要求，每每孩子的表现不如人意，家长们的第一反应是去"教育"孩子，或者指责，或者讲道理，第二反应就是自责、自我反思，痛定思痛地批评和自我批评，就越发地没有价值感，越发地不知所措。

更让我们痛心的是，家长又把这种焦虑传递给孩子，他们为了做一个让自己满意的家长，又会给孩子更大的压力，提出更加难以实现的期望和要求，让孩子受到更大、更多的伤害。

这是多么可怕！

该怎样去改变这个现实？

怎样真正地教会，或者是给家长们提供一个工具，让她（他）们在完善自己的过程中，去适应社会的变化和孩子的成长？这是时代对教育的挑战，也是基本的要求。

但是，在当前，我们看到的往往是浩如烟海的理论和体系，以及专家们这也不行那也不行的说教。

我原来是从事企业家培训的，每天的生活就是和他们在一起，感受着他们、研究着他们、改变着他们，也改变着自己。为了达到这个目的，开始接触并研究了大量的课程与教育模式：教练技术、行动学习、引导技术、角色扮演、沙盘演练、舞台剧、社会大剧院、体验式训练、案例分析、高尔夫、情景模拟等，每一次新技术的引入，都会带来让人惊讶的变化，即使是同样的教学内容，老师和学员的体验和收获也都不同，到了后来，有些课程的进展和学员的收获，都会让我始料不及和欣喜若狂，原本没有设计进去的环节和内容，自然而然地发生了，而且很顺畅自然，绝不是人为设计的，似乎是水到渠成，不知不觉地发生了变化。

原来，真正改变人的，不是你给他讲授的内容和道理，而是你和他之间是怎样互动的、怎样互相影响的，是学习的过程，是学习者之间，学习者与老师之间的"场域"决定的，而不是知识和体系，甚至不是学习本身。

带着这个理念，我们从2017年开始，又将这些技术，通过某种组合和构架，用到了青少年教育之中——取得了超出预期的效果，然后又将眼光投向家长的群体，因为，在激活青少年之后，不但要让他们改变，还要让他们真正地、由内到外地持续地改变，还需要时间的沉淀，也需要从他们的原始的生存环境——家庭——这个系统的场域发生相应的改变。而家庭中，最主要的力量，是家长。

大道至简。

通过实践和提炼，我们找到了家庭教育的关键点——这绝不会是复杂、深奥的理论，而是一个一学就会、用起来还比较有效的工具，我们想让更多的家长了解它，用它来构建自己的幸福家庭，当然，这个工具，同世界上其他的工具一样，看似简单，但是也需要使用者不断地提高自我觉察的敏锐度，不断地学习才行。

我们想让1亿家庭通过它来见到久违的、长久期盼的——家庭幸福！

芝麻，开门吧！

编者
2019年3月北京

不管您的孩子多大，也或者是正准备要一个宝宝，回顾一下，您曾经学习过下面的哪些内容？

① 正面管教。　　　　　② 萨提亚家庭治疗系统。

③ 高效能家庭的七个习惯。　④ 教练技术。

⑤ 教育心理学。　　　　　⑥ 其他与青少年教育有关的内容。

如果您学习过上面的一项或者几项内容，恭喜您，您可以更好地理解本书的内容，并能将之前学习的内容用到实践中，说不定，还能帮助到您身边其他的家长呢！

如果没有学过，恭喜您来对了，本书的目的就是教会您学会这个工具，说不定，等您学会了之后，等您帮助到了自己的家庭之后，您同样还能帮助到您身边的其他家长呢！

但是，您准备好了吗？

目 录 Contents

自　序　想说爱你，并不是很容易的事

第一章　价值、场域及场景
　　第一节　家长的焦虑与青少年的不当行为　　2
　　第二节　心智模式　　5
　　第三节　场域　　8
　　第四节　C 场域形成的根源　　11
　　第五节　从行为到场景　　15
　　第六节　当前家庭教育场景的现状分析　　16
　　第七节　优化家庭中的教育场景　　19
　　第八节　改变教育场景的有效工具　　23
　　第九节　优度家会　　25

第二章　优度家会的必备环节
　　第一节　基本原则　　28
　　第二节　时间　　30
　　第三节　地点　　31
　　第四节　人物　　32
　　第五节　角色　　33
　　第六节　发言棒　　34

第三章　优度家会的流程
　　第一节　致谢与欣赏　　37
　　　　一、致谢　　37
　　　　二、欣赏　　42
　　　　　　优度家会案例 1：舅舅一家开优度家会　　45

第二节	主要议题	49
	一、优度家会的认知主题	50
	二、家庭活动规划	51
	三、家务劳动分工	52
	四、日常惯例和家庭规则	53
	五、家庭决策	54
	六、家庭使命宣言及传承	54
	附：增进家庭关系的 36 个问题	57
第三节	游戏时间	60
	附：优度家会游戏	62
第四节	回顾与总结	69
	一、回顾与总结的目的	69
	二、忧虑	70
	三、抱怨和建议	71
	四、新资讯	71
	五、希望和梦想	72
第五节	确定下届主席和优度家会时间	73
第六节	交接仪式	74
	优度家会案例 2：乔帮主家的优度家会故事	75

第四章　优度家会的价值

第一节	启动暂停键，隔离情绪与家庭教育	81
第二节	将精力放在影响圈，杜绝责备和抱怨	82
第三节	关注根本解，不被症状迷惑	83
第四节	流程管理，容易入手	84

第五节	效果明显，改善家庭关系	85
	优度家会案例3：金爸爸一家的蜕变日记	85
第六节	主题丰富，长短期效果并重	88
第七节	双向教育，推动家长不断进步	89
第八节	具有扩展性，可移植性强	91
第九节	适用性强，适合各类家庭及场合	92
	优度家会案例4：云云老师的家族式优度家会	92
第十节	培养孩子的各种社会能力	98

第五章 幸福必读

第一节	催产素	100
第二节	青少年的七项重要感知力和技能	103
第三节	如何获得美满的婚姻和缔造幸福的家庭	104
第四节	关于青春期	106

后记

第一章

价值、场域及场景

第一节　家长的焦虑与青少年的不当行为

很多家长抱怨自己的孩子，说自己的孩子存在这样那样的问题。他们认为自己的孩子：

（1）封闭自己，不和外部沟通。

（2）不愿意相信别人，怀疑一切。

（3）孤独和隔离，没有朋友，或者进入一些非主流的圈子。

（4）待人冷漠，没有亲情。

（5）否定周围的一切，认为什么都没有意思。

（6）不敢冒险探索新事物，不敢尝试。

（7）常以失败者自居，没有自信和不敢追求。

（8）逃避的应对方式，过度手机或者游戏依赖，或者沉浸在一个爱好里面。

（9）其他家长眼里的"不顺眼"行为。

这些表现，随着孩子年龄的增加，会越来越明显，孩子小的时候一般表现得不太明显，一旦过了初二，有资料显示，现在提前到了小学四、五年级，很多孩子就表现出了明显的逆反和压抑，更有甚者，有的孩子还做出许多过激反应。

从2017年开始，我们对部分家长进行了家庭状况的问卷调查。调查的主要方向是：家长对自己孩子表现的焦虑和担心，调查结果是：

（1）手机依赖，48.17%。

（2）学习缺乏动力，36.54%。

（3）学习效率低，27.24%。

（4）缺乏自信，26.91%。

（5）听不进家长的话，21.93%。

（6）压力太大，13.95%。

（7）孤独没有朋友，10.3%。

（8）早恋，6.31%。

（9）和老师同学的关系不好，6.31%。

（10）其他，11.63%。

您担心孩子的是什么，是不是在上面的调查结果中？

如果您孩子的表现，没有在上面的罗列中，而您同样认为有"问题"，那会是什么？

我们将以上表现，称为**不当行为**。

不当行为是指与孩子的心智发展不适宜，并且经常重复出现的行为，如一个3岁的孩子见到陌生人胆怯是正常的行为，而一个20岁的孩子见到陌生人胆怯就是不当行为；如一个2岁的孩子尿床是正常行为，而一个20岁的孩子尿床就是不当行为。有时候，不当行为还指"孩子们明知道不对，还会坚持去做，甚至故意去做"的行为。

很多研究，尤其是个体心理学创始人、著名心理学家阿尔弗雷德·阿德勒认为，一个有不当行为的孩子，是一个缺乏自信的孩子。

这句话告诉我们两个信息：这个有不当行为的孩子。

（1）对自己没有自信。

（2）家长及社会没有教给TA怎么处理。

在个体心理学研究中，一个人的自信来源于：

（1）价值感，又称自我价值感，是指个体看重自己，觉得自己的才能和人格受到社会重视，在团体中享有一定地位和声誉，并有良好的社会评价时所产生的积极情感体验。有此情感体验者通常表现为自信、自尊和自强；反之，则易产生自卑感，自暴自弃。

（2）归属感，又称为隶属感，是指个体与所属群体间的一种内在联系，是某一个体对特殊群体及其从属关系的划定、认同和维系，归属感则是这种划定、认同和维系的心理表现。也就是一个人认为自己在群体中很重要，不可或缺，被接纳和认可，以及"离了我不行"的感觉。

价值感和归属感，是一个人生存的重要情感体验和自我觉察。
缺乏价值感，会使孩子，当然也包括成人，在家庭互动中，表现出如下行为：

（1）指责，通过将责任转移到别人身上而获得价值感。
（2）讨好，通过别人的认可而获得价值感。
（3）超理智，漠视自己与他人的价值。
（4）打岔，通过打断来逃避或者寻找价值感的方向。

同时，这四种行为，也会剥夺对方的归属感和价值感。

缺乏归属感，则会让孩子有如下行为：

（1）对学习缺乏激情和动力。
（2）责任感不强。
（3）社交圈子狭窄，朋友不多。
（4）业余生活单调，缺乏兴趣爱好。

您和您的孩子，缺乏价值感和归属感吗？表现是什么？

家庭教育状况调查问卷

第二节　心智模式

一个人的行为和选择，是和他对自己、对外部世界的认知所决定的，这属于心智模式的范畴。

心智模式又叫心智模型，是由苏格兰心理学家 Kenneth Craik 在 1940 年创造出来的，指深植我们心中关于我们自己、别人、组织及周围世界每个层面的假设、形象和故事。

心智模式是根深蒂固于心中，影响我们如何了解这个世界，如何采取行动的心智根源。我们的一言一行，都是在每个人内心，但又不易觉察的心智模式影响下进行的。

如果一个人的心智模式是对自己有信心的，那么他的行为就会更开放、更容易接受别人；如果一个人的心智模式是认为自己不如别人，是失败的，是自卑的，那么他就会更封闭自己，不愿意接纳别人，尤其是不愿意接纳别人的长处，他会四处去寻找优越感，从而达到内心的平衡。

心智模式是对以下四个方面的认知：

（1）自己。　（2）别人。　（3）组织。　（4）周围世界。

一个人的观点和行为，都是由心智模式决定的外在表现形式，正是因为心智模式的不同，同样的一件事情，造成了我们不同的观点和看法，以及对应方式。

您如何回答下面的问题：

如果你知道有一个女人怀孕了，她已经生了八个小孩，其中有三个耳朵聋，两个眼睛瞎，一个智能不足，而这女人自己又有梅毒。

您建议她生下这个孩子吗？

（1）建议生下来，原因是：

（2）不建议生下来，原因是：

这个问题经常会引起争论，每一方都有自己的理由，而且理由还很充分，争论"理由"的根源，就是在心智模式的作用下，外在的体现。

结论的不一样，是心智模式的不一样。

心智模式，也就是我们对自己以及对自己之外世界的认知，是怎么来的呢？

阿尔弗雷德·阿德勒认为，人是社会人。一个人的心智模式是以他们怎样看待自己与他人的关系，以及他们认为别人怎样看待他们为基础的。

这就好比是每个人通过外部世界的镜子看到了自己，看到了自己是什么样的人？是不是有能力、有魅力？是不是受欢迎、得到认可？

照镜子而来的心智模式

因为除了这面镜子，人们看不到自己是什么样子，得不到任何反馈。因此，人们对自己的认知，完全来自镜子中看到的一切。

同时，每个人还会对外部世界这个镜子有了认知，这个镜子是平面镜还是哈哈镜，是友善还是充满恶意？

也就是说，一个人的心智模式，也即他们对自己的看法都不是受自己本身是什么样决定的，而是受外部人怎样对待他们而决定的，或者说是他们看到了别人怎么对待自己决定的。

一个人的心智模式包括两个认知：

（1）对自己的认知。
（2）对自己之外的外部世界的认知。

成人与孩子的心智模式，是通过外部的反馈而获得以及改变的，阿尔弗雷德·阿德勒经过研究得出这个结论后，就用在实际的心理治疗中了，并且取得了较好的疗效，这种理论与案例的相互印证，证明了理论的正确性和实用性。

现在请您回顾一下，您的孩子是：
（1）自信的。
（2）有些自卑，不敢在众人表达自己。
（3）自卑，逃避，甚至有些自闭。
（4）无可救药。

同时，也请仔细回顾一下您对孩子的教育方式属于下面哪个范畴？
（1）鼓励、欣赏及接纳。
（2）优点及表现好是正常的，指出错误和问题才能进步。
（3）孩子存在很多问题，我们家长自己在努力帮他改正，也请教过很多专家，就是没有明显的效果。
（4）由他/她去吧。

第三节　场域

有时候，我们把一个人外部的人和人、人和物及物和物一起组成的情景，称之为场域（field）。场域的概念，是法国社会学家皮埃尔·布迪厄（Pierre Bourdieu）于19世纪中叶提出的。

场域是社会学的主要理论之一，是关于人类行为的一种概念模式，它不能仅仅理解为被一定边界物包围的领地，而是在其中有内含力量的、有生气的、有潜力的存在，是社会个体参与社会活动的主要场所。

人类社会的每一个人都是生活在不同的场域之中，这些场域既有物理的，也有人和人、人和物体的相互关系之中。

对于孩子来讲，也同样存在，只不过孩子的场域在数量上和复杂度上会相对小一些，比如：家庭场域、班级场域。

美国著名学者奥拓·夏莫博士将之称为——社会场域。

从宏观角度来看，社会场域，包括群体、团队、组织和社会等，涉及存在其中的何种意识形态，营造了怎样的氛围、文化风俗，以及它是根据怎样的制度和机制形成的。

结合人的心智模式的来源以及社会场域的概念，我们可以推断出，**人的心智模式由他所处的场域而建立和改变的**，因此，如果孩子有不当行为，是由他所生活的场域以及由此而来的心智模式而导致的。这样的心智模式，使孩子缺乏了归属感和价值感。

存在不当行为的孩子，是因为生活在 **C 场域**中，这里的 C，是英文中的 Cold 这个单词，在这里是冰冷的、缺乏温情的和缺少安全感的场域。

C 场域的特点如下:

- ☐ 态度冰冷,体会不到爱和温情,无意中剥夺了孩子的家庭归属感。
- ☐ 有条件的爱,让孩子误认为爱需要交换。
- ☐ 娇纵或者严厉,对孩子的态度不一致。
- ☐ 否定价值,出于"完美主义的诅咒",过分强调没有做到的那一部分。
- ☐ 忽视进步的努力本身,只想看到努力的结果,没有结果就认为没有努力。
- ☐ 看不到正向的动机。

对照上面的描述,请您仔细回顾一下,您给自己的家庭场域打几个勾,如果超过 3 个,就要警惕了,更应该将本书看完,并按照要求完成所有的任务。

自 2008 年开始研究,2017 年 4 月份,优度教育开始落地执行,通过构建另一种场域,**温暖的、安全的、受到关注的以及正向反馈的场域**,并用这种场域来干预、改变青少年的心智模式,从而激活青少年对生活采取新的态度和行为,取得了远超预期的效果。

"我来优度的这段时间里,我感觉自己改变了很多。我在没来优度之前一直不敢去和别人讲话,不敢和别人交流,但来了优度后,我一直觉得我变了一个人,勇气和自信心都变得越来越强,这四天不论是活动、课程还是活动,我都在努力发挥出自己的作用为团队贡献。"

——2018 优度教育暑期助教班学员嘉文同学

嘉文的绽放

"从优度回来至今,我带着孩子们每天晨练,下雨我们打伞出行,这将会成为我们一种无须坚持的习惯。十天过去了,发脾气这事好像离我越来越远,没什么事能让我发火了,让我欣喜的是:接受的背后竟能打开各自的心门,让我们放下一切包袱与孩子们站在同一高度,幸福会慢慢地渗透进内心。"

——2018 暑期家长班学员邢女士与儿子松阳

感恩彼此的母子

"我,从一个蛮默默无闻的,不声不响的女生,我以为我这辈子都不会受太多人关注的一个女生。到了优度之后,我的改变,变成了所有人的榜样。成长,真是一条漫长的道路呢。但是有优度,有你们,有我的家人,我不会孤单了。"

——2018 年寒假班学员、优度助教思佳同学

蜕变的青春

北京优度的日子

第四节　C 场域形成的根源

大家都知道，家庭中冰冷的 C（COLD）场域，会让孩子没有价值感和归属感，会使他们的心智模式出现扭曲，从而使孩子们不断地出现不当行为，因此，要想解决孩子的不当行为，让他们更阳光、更自信、更有理想，甚至是"更听话"，就要解决 C 场域的问题，要解决 C 场域的问题，就需要了解 C 场域是怎么形成的？

原来，在家庭教育中，很多家长的教育行为不知不觉地导致了 C 场域的形成，这些行为，有的是原生家庭带来的，有的是固化的习惯造成的，但是总结起来，C 场域形成的原因，主要由下面两类教育方式造成的，一是娇纵，二是严厉。

首先，家长娇纵的行为方式，是让孩子有自由但没有规矩，家长给了孩子无限制的选择，"你想怎么做就怎么做？"，家长几乎包办了孩子所有不愿意做的事情，满足孩子各种无理的要求，纵容孩子破坏各种规则和约定。

娇纵的方式，会让孩子无规则、无边界，目中无人、老子天下第一，更重要的是，娇纵剥夺了孩子通过解决问题而获得力量感和价值感的权力，他们获得价值感的途径，就是操纵家人围着他们团团转，就是让自己成为"世界"的中心。

其次，家长严厉的管教行为方式，是让孩子在家里有规矩但没有自由，没有选择权，一切以家长的意志为准，"我要你怎么做，你就怎么做"。

严厉的方式，是家长在主导、控制孩子的思想和行为，不尊重孩子的选择权，本质上是家长和孩子在家庭中的地位不平等。这样的管教方式，会极大地伤害孩子的价值感和归属感。更为严重的是，孩子从小生存在一个严厉的家庭，为了生存，他们会产生出讨好和屈从的生活习惯，这样的孩子往往会"看脸色"行事，会变得越来越没有主见，不能坚持原则，丧失自我。

下面是严厉管教方式的一些消极的具体行为：

吼叫、嘲笑、讽刺挖苦、打骂、忽视、唠叨、说教、打断、羞辱、停留在过去、批评、引发内疚、跟别的父母说孩子的闲言碎语、刺激挑衅、撒谎、威胁、贬低、扔东西、否定感受、不耐心、不现实的期望、过于严厉的后果。

吼叫和打骂　没有什么比吼叫和打骂行为，更会让孩子产生叛逆行为的了。当家长对孩子大喊大叫，而且大打出手时，家长的情绪处于失控状态，他们会把孩子当作出气筒，任意发泄胸中的怒火。表面上看来，好像是成功地阻止了孩子们的行为，事实上，这只是暂时的停止。

吼叫比打骂是更为普遍的消极行为。

批评　批评意味着家长否定孩子的想法、体验感受、观点和他们的自我价值。孩子常常会把批评当作对他的贬损，贬损会损害孩子的自尊心，会有被拒绝和不被爱的感觉，这会让孩子觉得特别无助。

唠叨　唠叨意味着你反反复复地对孩子说一些你已经说过无数遍的事情，这不是在和孩子们进行对话。唠叨会让孩子拒绝倾听，变得更具有防范性，或者变得厌烦。

打断　打断孩子是教养问题中最为常见的一种。如果孩子觉得他们说话总是被打断，或他们没有机会说话，就可能慢慢变得不与父母进行交流了。

停留在过去　喜欢翻旧账的父母，等于一直在对孩子的过去耿耿于怀。一旦一个问题和冲突已经得到解决，就不要再提起，应该允许孩子以全新的面貌重新开始。

引发内疚　父母用内疚来控制孩子，会引发孩子疏远自己，会伤害孩子的价值感。

尖酸刻薄的挖苦　讽刺挖苦非常伤孩子的心，是孩子与父母进行有效交流的一大障碍。

说教　当父母告诉孩子他们应该怎么做，而不是让孩子自己想出具体解决方法，从而采取行动时，就是在进行说教了。如果家长说教，孩子会认为他们不能掌控自己的生活，他们最终会认为家长不信任他们，他们会讨厌父母，结果就是拒绝按照父母的指令做事。

撒谎　不管出于什么目的撒谎，都会让孩子认为父母不信任他们。其实孩子是非常敏感的，他们一般都能觉察到什么时候父母对他们是不真诚的。

过于严厉的惩罚　严厉的惩罚措施，会让孩子感到内疚、觉得羞耻、产生怨恨，产生对抗心理；他们有时候会感到绝望，因为他们觉得怎么样都达不到你的期望。孩子们通常会对着这种令人不愉快的、严重后果的惩罚策略，产生一种反应——加强他们的负面行为。

否认孩子的感受　孩子们在表达自己的情绪感受时，需要得到父母的支持与理解。

严厉和娇纵，是家庭中基本的教育方式，如果仅仅是单纯的两种还算不错，不管哪一种，还算给孩子一些边界和空间，但更多的家庭是二者的交替和反复，一会是严厉，过一会就是娇纵；一个人是严厉，另一个人就是娇纵。对于家长来说，软的不行来硬的，硬的不行再试试软的，反正软硬兼施，总有一个有效。甚至有些家庭，一个唱红脸，另一个唱白脸，还有明确的合作分工。殊不知，这样的变来变去，更让孩子相信，家长没有原则，一切都需要自己去争取。

很多家长认为：溺爱孩子、纵容孩子是害孩子，对孩子严厉才是真爱，但其实不然，他们不知道，在家庭中，创造平等对话的机会，给予孩子们成就感和归属感才是真正的爱。

你对待孩子娇纵吗？

　　□ 包办孩子不喜欢做的事情。
　　□ 满足孩子所有不合理的要求。
　　□ 纵容孩子破坏各种规则与约定。
　　□ 其他你认为的娇纵行为。

你对待孩子严厉吗？

☐ 吼叫和打骂。

☐ 批评。

☐ 唠叨。

☐ 打断。

☐ 停留在过去，喜欢翻旧账。

☐ 引发内疚。

☐ 尖酸刻薄的挖苦。

☐ 说教。

☐ 撒谎。

☐ 过于严厉的惩罚。

☐ 否认孩子的感受。

这 11 种行为，哪几种是你经常使用的？

第五节　从行为到场景

如果大家细心的话，就能够发现，上面罗列的都是家长们的行为，只考虑行为会让我们顾此失彼、无意中塑造了 C 场域。因此，要想改变，就要系统思考，将家庭教育中，家长和孩子之间的互动纳入一个系统中，整体考虑，这样才能彻底改变。

这个包含时间、地点、人物、情感和目的在内的系统，我们称之为场景。

场景是指在一定的时间、空间（主要是空间）内发生的一定的任务行动或因人物关系所构成的具体生活画面。当我们不再简单地关注教育行为，而同时关注其他元素时，就是真正地关注场域的建设了。

之前我们说到的家庭教育，不管是家长们朴素的认知，还是习惯的做法，甚至是很多教育体系，都强调的是行为，强调的是如何做？行为虽然是构建场域的关键元素，但也不能忽略了其他元素，否则便不再完整。

我们引入教育场景这一概念，其目的是引导家长们能全面地、系统地观察和构建青少年教育的主阵地——家庭，这个容易忽视却又非常重要的教育场景。

教育场景，包括如下的元素：

（1）时间。
（2）地点。
（3）人物。
（4）目的。
（5）情感。
（6）行为。

家庭教育场景建设元素

第六节　当前家庭教育场景的现状分析

当我们再一次把目光放在当前的家庭教育时，我们发现，由于之前仅仅是关注行为，关注如何做，而忽略了场景中的其他元素，尤其是忽略了情感和目的的时候，就使得教育场景具备了如下特点：

（1）**受情绪控制的**：大部分家庭，教育孩子的时机，是受情绪控制的，也或者说，中国家庭教育孩子，是因为孩子的行为触动了家长情绪之后才会进行，如孩子的行为激怒家长，或者孩子的成绩不如人意时。

（2）**随机的**：正是因为是受情绪控制的，所以时间和地点都是随机的，没有设计和规划的。

（3）**关注结果和行为改变的**：大部分家庭教育的目的，都是想尽快得到好的结果或者看到孩子的行为改变的，如果没有实践，就会认为没有效果。

（4）**以解决问题为导向的**：有时候家庭也会将所有成员集合起来，开会商量一些重大事件，如择校、报考志愿或者工作等，但都是以解决问题为目的的。

（5）**没有流程，缺乏规则**：即使比较正式的家庭教育会议，也很少有大家遵从的会议规范和流程，更没有发言的顺序和规则。这样的场景，不能保证弱小势力——孩子，能有充分的发言权力和机会。

（6）**单向教育，仅仅以孩子为教育对象**：当前的教育场景，一般都是家长教育孩子，孩子只能被动听从，因此，不能创造平等的对话，只是单方面在教育孩子，家长在这个过程中不能受到教育，也不会成长。

这样的教育场景，是 C 场域发生的源头，这是我们必须明确的。

如果不回顾一下，我们就很难知道自己家庭的教育现状。

不管您是爸爸，还是妈妈，或者是孩子，都请您仔细、如实地回顾一下自己家庭的教育事件，看看符合上面描述的有几项：

事件：_____

_____

_____

☐ 受情绪控制的。

☐ 随机的。

☐ 关注结果和行为改变的。

☐ 以解决问题为导向的。

☐ 没有流程，缺乏规则。

☐ 单向教育，仅仅孩子为教育对象。

请仔细回顾一下当时的情况，然后写下下面的内容：

（1）时间。

（2）地点。

（3）人物。

（4）您的目的是什么？

（5）您的情绪以及情绪变化。

（6）孩子的情绪及变化。

（7）其他参与者的情绪及变化。

（8）您的目的达到了吗？

（9）您有什么感受和结论？

孩子的心智模式受到家庭教育场景的直接影响。

纵观当前家庭的教育场景现状，有如下特点：

（1）时间、地点元素分析：随时随地。

（2）人物分析：以父母为主，姥姥姥爷、爷爷奶奶为辅。

（3）目的分析：以关注结果、行为和解决问题为目的，推动学习、纠正错误、求学找工作的决策分析、批斗帮扶等。

（4）情感分析：家庭教育中容易被忽视的元素，往往伴随着强烈的情绪，如愤怒、焦虑等。

（5）行为分析：家庭教育中家长的教育行为，每个家庭都不一样，家庭中的成员不同，行为也不一样。

第七节　优化家庭中的教育场景

要想从根本上解决家庭中的教育问题，就必须改变教育场景，使其符合下面的要求：

（1）**正式的，有仪式感的**：很多孩子不重视家庭规则，有一个重要的原因，就是制定规则的过程不正式，没有仪式感，大家都认为是一个随随便便的事。

（2）**过程和结果并重的**：教育，是一个长期的工作，过程比结果更重要，而且，制定规则的过程，会提高孩子的各种能力，规则和结果，只是孩子学习的一部分。

（3）**以归属感和价值感为导向的**：家庭教育过程中，是需要更多地关注孩子们的价值感和归属感，孩子们能够在和家长们的互动中，发现自己的价值，这样，家庭教育才会滋养TA，才会让孩子更坚定地面对各种挑战。

（4）**流程及清单**：家庭教育的过程，如果有一个流程和清单，就能确保复制和推动，很多人学了很多技术，但就是不知道回到家怎么操作。

（5）**易于规则的产生、执行和反馈**：很多家庭教育是就事论事，一旦结束，就会遥遥无期，制定的规则就很难监督执行，并且规则往往是"宣布"的，孩子们没有参与进来制定和清晰化，所以就不会真正地执行。

（6）**有清晰的目标**：每一个家庭教育场景，都应该有明确指向的目标，孩子和家长都清楚彼此沟通交流的目的是什么，以此为基准，去表达、分享、交换意见，达成沟通结果。

（7）促进整个家庭的学习和进步：不仅仅是教育孩子，而且还能让家长们有机会自我觉察和反思，和孩子们一起进步。

符合以上要求的教育场景，将会构建出让深入其中的每一位参与者获得归属感和价值感，这样的场域，我们称之为 U 场域，这里的 U，是指奥托博士所发现的《U 型理论》中的 U，U 场域能引发组织和个人的变革和完善。

U 场域

U 场域的特点如下：

（1）关注及被看见：每个人所做的贡献和改变，都能被系统看见并反馈。

（2）团队观照：能够从团队中获得力量，看见也能被看见彼此的存在和变化，引发共同感知、共同改变。

（3）接纳与认可：场域中的每个人，都能被其他人接受和认可，并被接受为整体不可分割的一部分。

（4）**欣赏与肯定**：每一个人都可以在场域中被欣赏和肯定，从而在场域的反馈中，得到成就感和价值感。

（5）**感谢**：发自内心的感谢，会让一个人内心焕发光彩，既是价值的体现，也是归属感的强烈体现。

（6）**鼓励**，是持续进步的源泉。

什么样的教育场景，能够兼顾到上面各方面的要求呢？除了满足要求，要使这个教育场景有效，还需要解决下面的矛盾，即：

（1）对于家长来说，希望能够学到"一招制敌"的方法，回去就能用，一用就灵。

（2）对于专业人士（心理学家、萨提亚、积极心理学等等）来说，要教会家长提高教育水平，又不能脱离理论、原理和源头，空谈方法和技巧，否则就是"头疼医头、脚疼医脚"，不能融会贯通，更不能举一反三，给予"鱼"，永远不能从本质上解决真正的问题。

同时，还要符合下面的条件，才能够惠及大量的人群，让更多的家庭受益。它们是：

（1）不需要学习更多的理论，拿来就可以使用。

（2）容易操作和执行，不需要太长时间的学习和训练。

（3）不能是具体的教育行为，适应性强。

（4）既能解决家庭教育的问题，又能给予孩子成就感和价值感。

（5）家长和孩子都能够进步成长。

（6）有效，且有趣，孩子们喜欢参加，不排斥。

近期您曾经参加过什么家长课程或者咨询，现在请回顾一下，写在下面：

_____

_____

_____

_____

仔细分析一下，您是不是发现这些课程或者咨询有什么规律呢？
是的，如果进行分类的话，基本上分为两大类：

☐ **理论、系统类课程**：一般是一个系统，需要拿出较长的时间进行学习，才能够运用。

☐ **行为改变类**：这类课程或者咨询，都是为了解决某类问题，或者孩子出现了某种问题之后，一对一地进行处理。

以上两类，都难以复制，难以独自使用，需要专业指导，或者需要长时间的学习，家长成为专家才能改变家庭教育。

第八节　改变教育场景的有效工具

如何能找到一个解决上面矛盾的教育工具，既符合当前教育理念，又能简单上手、效果明显？

从 2008 年开始将教练技术的原理应用到青少年教育中，并取得了良好效果后，我们坚信，一定会有一个工具，或者是方式，或者是结构和流程，能够同时满足上面的条件。

一直到 2017 年，为了实现这个想法，编者先后深入学习了教练技术、行动学习、心理学、萨提亚、正面管教、体验式训练、情商与沟通、积极心理学和高效能人士的七个习惯等课程，对人的认知、心智模式认知也随之深入，慢慢地，一个既能和各种理论联结，又能和每个家庭的教育行为联结的工具，慢慢地浮出水面。

这个工具就是：优度家会

在这里，"优度"是指一种新型的家庭互动方式，"家会"是指家庭会议这种方式，因此优度家会是一种全新类型的、基于觉察的家庭互动形式，在形式上，也不是常规意义上的家庭会议，是家庭中塑造的一种家庭教育场景。

因为优度家会与常规意义上的家庭会议又有着本质的区别，为了和以往的家庭会议进行区分，突出其特指的形式，我们用了一个新的词语来定义——**优度家会**。

很多时候，我们学习到一个理论、一个工具，即使掌握得很好，也很难用到实际工作中，主要的难度在于：如果没有理解深刻，或者经过大量的练习，就很难触类旁通，举一反三，因此也就很难将这些理论和工具找到一个合适的使用场景，更不用说能使其发挥作用。

2007年，在我学习教练技术的时候，很多学员学完后，最难的是找到一个使用的场景。因为只有一少部分人会走到商业教练的道路上来，所以大部分学员都是学完后，就闲置起来，技痒的时候，就相互教练。

因此，要想一个工具有实效，就必须有使用的场景——大家知道使用的时间、地点、人物、目的、情感和行为，要想使用得更娴熟，使之更有价值，就需要用科学的理论来指导。

思考一下，你最近上过的课程是什么？

有哪些工具被你运用到实际工作、生活中了？

第九节　优度家会

在优度家会中,不再使用家长习以为常的旧有的集体(家庭)教育模式,即由家长由上至下强制灌输家长意识的金字塔模式,而是使用更加趋于水平化的模式,平等沟通,其中每一个环节和步骤都能够**关注所有人(包含家长和孩子)的需求和成长**。

优度家会与传统家庭会议的区别

这种共有的觉察带来了迅速、灵活和流畅的合作模式以及家庭决策制定办法。因此,**优度家会具有卓越的适应性和共创性**。

同时,**优度家会有严格而可操作的流程**,对于没有受过专业训练的家长来说,具有很强的可操作性。因此,在家庭中召开优度家会,一开始,只要按照流程,按照规则,一步一步地朝下走,就能取得成功。

另外，开好优度家会，难度会越来越大，要求也会越来越高，因此会是一个循序渐进的工作，同时对家长的能力的要求，也会越来越高。

并且，随着优度家会的持续召开，家庭中所有人还能够提高自我觉察能力和情绪调整能力。

在这里，情绪调整能力和情绪控制能力的区别在于对情绪的态度。

我们认为在家庭教育过程中，我们需要客观地看待情绪，它不是一个贬义词，而是一个中性词，情绪无所谓好坏，在于我们是不是能够把情绪调整到一个合适的状态。

对于家庭会议，想必大家都不陌生，从小到大，也都开过不少次，但是现在请思考一下，您的家庭会议，都是怎么样的？

（1）一个月内：

次数：　　　　　地点：

参加人员：

目的：

效果：

（2）半年内：

次数：　　　　　地点：

参加人员：

目的：

效果：

第二章

优度家会的必备环节

按照场景的特点，优度家会的必备环节分别为基本原则、时间、地点、人物、角色、发言棒。

第一节　基本原则

优度家会，虽然是家庭会议，但又不是一般意义的家庭会议，期间重视仪式感，重视参与感，重视平等对话。优度家会有其基本的原则：

（1）根本原则。
- 接受而非拒绝。
- 理解而非评判。
- 参与而非操纵。

（2）四"不"原则。
- 不建议。
- 不分析。
- 不追问。
- 不打断。

（3）一"静"原则：安静地聆听！

看到以上八项原则，相信大家尤其是家长们认为很容易做到哦，但现实是并不容易做到，更遑论做好。

可怜天下父母心，尤其在中国家庭教育中，向下传递的家庭文化尤甚，全家的"小太阳"都是孩子，然而这样的重视和疼爱常常得不到孩子的理解和共鸣，甚至孩子会怨恨重重，比如一听到"我走过的桥比你走的路还长，我吃过的盐比你吃的米都多",孩子的耳朵自动"关闭"了,心门也关上了。

父母常常以爱孩子的名义出发,为孩子做决定,为孩子选择未来……孩子们从顺从到反抗再到麻木,他(她)们在接受"胳膊拧不过大腿"的现实后,会消极怠工,从减少对父母的信任与沟通,到完全封闭自己,直到父母眼中孩子的"不当行为"越来越多,他(她)们越来越叛逆,正在日渐"失控"——脱离父母的控制。

以上八项优度家会的原则,本质上是让父母教育孩子的惯性"刹车",让孩子说话,说心里的真心话,不是为开会而开会,不再是父母对孩子的单向教育,而是父母与孩子的平等沟通,平等享有说话的机会,不随意打断孩子,不追问孩子为什么,不分析得失利弊,不给父母所谓的建议,就做一件重要的事情——安静听孩子说话。

第二节　时间

优度家会，一般每周召开一次为宜，时间可以安排在周末全家人都在的时候。

因为仪式感的问题，所以优度家会最好不是在就餐的时间召开，虽然就餐是全家人集合的时间，但是因为就餐会影响人的注意力，所以，这个时间最好不要召开优度家会。

每周召开一次，其间隔时间也恰到好处，过于频繁，会让优度家会成为一种负担，毕竟家中的每个人都有自己的事情。间隔时间太长，又不利于家人的情感联结。

第三节 地点

地点,最好家人围坐在餐桌或者客厅的茶几旁,如果围坐在餐桌旁,要注意的是,要使每个人都可以看见其他人,以便与其他人的眼神进行交流。

当然,如果条件允许,大家围坐在地毯上也是可以的,这样没有餐桌的障碍,家人们更容易进行眼神和情感的交流。

第四节　人物

参加优度家会的人员，需要全家人都参加。由于优度家会的适应性比较强，所以两口之家，以及三口、四口之家都可以举行，逢年过节，大家族的人聚在一起开优度家会，更能呈现其价值。

对于儿童，一般4岁以上就可以参加了，他们非常愿意和家人一起互动，尤其是非常喜欢优度家会塑造出来的和谐、温馨的气氛，更愿意参加期间的游戏。

对于4岁之下的孩子，由于其心智还不够完善，也不能完全理解和参与其中的游戏，所以最好等他们睡着以后再进行，但是据笔者的经验，最好将已经熟睡的他们放在离会场比较近的地方，一是妈妈可以随时关注他们的情况，二是他们也能融入其中的氛围，不过这时候参加会议的家人要注意压低声音。如果旁边有一个熟睡的婴儿，你会发现，其氛围会静谧地让人感动。

有婴儿在旁边睡觉的优度家会场景插图

当所有的家人都处理完手中的事情，围坐在一起的时候，优度家会就可以开始了。这时候要注意，大家都要把注意力放在优度家会上来，尽量不要再看手机、电视甚至书籍。

第五节　角色

每一次优度家会，都需要一名主席，一名秘书。

主席： 其职责是召集会议，宣布优度家会的开始和结束，并引导每个人都参与到优度家会上来，同时按照流程，主持会议一步一步地朝下进行。

同时，对于初次参加家会的家人，主席还要解释每一步如何进行，有时候还要起到示范作用。

对于主席的具体职责，后面优度家会的步骤上会有更加详细的介绍。

秘书： 其职责是记录，对于优度家会期间，每一位家人的发言要进行必要且扼要的记录，同时，进行拍照留念，必要时还要录制视频，以便留存纪念。

随着时间的流逝和优度家会召开次数的增加，这些记录也将成为今后珍贵的纪念，它记录了家庭每位成员的进步，也记录了孩子的成长。

同时，有秘书记录每一个家人的分享，也能使发言者有被"重视"的感觉，会有更强地价值感。

2019年7月，优度教育研发完成"优度家会小助手"——优度家会小程序，秘书可以直接在小程序上记录家会，有文字、图片和视频三种形式，每个家庭会有自己的"电子优度家会记录簿"。

优度家会会议记录

优度家会小程序

第六节　发言棒

每次优度家会，都要准备一个并且只能有一个发言棒。

发言棒是发言权力的象征物，只有手持发言棒的人才有发言的权利，其他人只能聆听。

一位家人发言完毕后，将发言棒按顺序传递给下面的家人，也就是将发言的权利传递给下面的人。

始终要强调的是，只有手持发言棒的人，才有发言的权力。在很多家庭，家长会经常打断孩子的讲话，而且会长时间占有发言的权力，这样特别不利于家庭中平等对话的氛围，因此，优度家会设置了发言棒这样一个象征物——在规则上保证了对话的平等。

当一圈发言完毕后，如果还有需要补充的，可以再向主席申请发言棒，但是前提是不能打断手持发言棒的家人的发言，并且按顺序进行申请。

优度家会中，发言棒拥有至高无上的权力，只有手持发言棒的人才有发言的权力，其他人都要聆听。

当主席、秘书的角色确定好，主席手持发言棒，检视一圈确认人都到齐的时候，就可以宣布优度家会开始了。

第三章

优度家会的流程

经过广泛借鉴和深度研究，我们将《正面管教》《高效能家庭的七个习惯》《萨提亚家庭治疗模式》中对于家庭会议的介绍进行了梳理，形成了如下的流程。

该流程将优度家会分成了六步，每一步都有其功能和价值，缺一不可，而且顺序也不能随意调整。这六步分别是：

第一步：致谢与欣赏。

第二步：主要议题。

第三步：游戏时间。

第四步：回顾与总结。

第五步：确定下届主席和优度家会时间。

第六步：交接仪式。

每一次优度家会，如果都按照这六步进行，你的家庭，不管是两口之家的夫妻关系，还是三口、四口之家的亲子关系，也或者是十口之家的婆媳、妯娌之间的关系，都会因此而变得和谐，呈现"家和万事兴"的局面。

下面，将详细说明每一步如何进行。

第一节　致谢与欣赏

关于致谢与欣赏，这是优度家会的第一步，也是最基础的一步，并且是能否开好优度家会的关键一步。

一、致谢

致谢，有几个同类的词，比如感谢和感激，词虽然不同，但是概念是相同的，不过不同的人有不同的说法。

致谢，仿佛是每个人都会的，而且很多人是出于习惯或者不假思索的反应，说多了，似乎成了一种客套语。

但是，能正确地、具体地表达感谢，却不是那么容易的，尤其是在优度家会中，需要在表达谢意前，做些功课，学习一下怎样致谢。

致谢三步骤：

致谢的行为 → 具体的事例 → 为我带来的价值

致谢三步骤示意图

要针对以下几个方面进行致谢：所做的事情、对他人的帮助以及任何让人感觉好的事情。

可能你很久没有向家人表达过致谢了，不管是你爱的和爱你的伴侣，还是一直默默地为家庭付出的父母，或者是你最心爱的孩子，他们都需要你来关注他们、接纳他们，也需要你承认他们的价值。

现在请闭上眼睛，用 5 分钟的时间来回顾一下他们的容貌，回顾一下他们为你做的付出和贡献。

也请郑重地拿起笔来，将刚才回顾到的内容记录下来：

☐ 成员一：_____ 关系：

（1）致谢的行为。

（2）具体的事例。

（3）为我带来的价值。

☐ 成员二：_____ 关系：

（1）致谢的行为。

（2）具体的事例。

（3）为我带来的价值。

☐ 成员三：_____关系：

（1）致谢的行为。

（2）具体的事例。

（3）为我带来的价值。

☐ 成员四：_____关系：

（1）致谢的行为。

（2）具体的事例。

（3）为我带来的价值。

很多优度教育家长班（Parents Start-up Course）学员，在课堂中演练优度家会的时候发现，第一次的致谢很容易，把之前没有说出口的感谢说出来就行了，并且之前积累了不少的素材和需要感谢的方面，但是第二次、第三次的致谢，就感觉没有可说的，需要去到回忆中或者当前发生的事件中去"找"，而且需要用心去"找"，才有可能找到致谢的理由和事例。

这个"找"的过程，正是致谢这个环节要达到的目的之一，在"找"的过程中，会让我们的内心更敏锐，提升自我觉察和对环境的感知，不自觉地，我们也在关注周围的每一个人，这样，其他人也在享受被关注、被看见。

优度家会中致谢与欣赏的操作要领：

（1）手持发言棒。
（2）每个人依次向其他人表达感谢。
（3）走到被感谢人的座位旁，眼睛注视着被感谢人的眼睛，真诚地表达谢意。
（4）标准语句是"我感谢某某某的……"
（5）感谢完一个人，进行另外一个人。
（6）一圈结束后，如果发现还有感谢的人，可以举手继续；主席也可以引导再进行一圈。
（7）前几次的优度家会，致谢与欣赏阶段一定要充分。

对于致谢，很多人认为对自己人，尤其是对家人表达致谢是表示疏远或者客气，认为没有必要。

但是，从家庭教育场域的塑造来看，表达致谢，是发自内心的情感的表露，而且也是自我觉察敏锐度的体现，对于被感谢者，是被看见、被承认的一个过程，也是价值感和归属感的体现。

致谢阶段，也是认可他人、接纳他人的一个环节，在家庭中非常重要，家长和孩子之间的致谢，为他们之间的顺畅沟通，架设了一座桥梁。

致谢阶段还有一个非常重要的环节，就是当所有的人致谢完毕的时候，主持人还需要留出一定的时间，问大家下面一个问题：

还有没有人，觉得自己对别人、对家庭做了贡献，但是刚才没有被致谢到？

问完这个问题，要给所有参与者留出足够的时间来思考，并鼓励站出来向大家说明，当一个家庭成员说完后，主席要提示相关人向其表达感谢。

这一个环节很重要，很多埋藏在内心的期望，经常会在这个时刻表现出来，很多任劳任怨的家庭主妇，因为没有被满足这个期望，会找不到价值感，从而会抱怨和指责，而通过提示表达感谢后，也会提高所有人的觉察能力。

建议所有的家庭都要重视这个小环节，不要忽略和漏掉。

记得有一次我们在团队中召开"优度家会"，进行到这个环节时，铭贤同学勇敢站出来分享自己对团队的贡献行为，而他的贡献当时并没有被大家看到和关注到，大家对他致以真诚的感谢。

这一个环节在家庭中尤其提倡大家要重视，无论是父母还是孩子，大家习惯于对家庭付出，彼此享受家庭成员的贡献，久而久之，就会习以为常，日积月累，很多抱怨、被忽略的感受就会滋生发芽，甚至会成为家庭矛盾乃至冲突的导火索，尤其在情绪压力、环境压力极大的情况下。

在优度家会中，家庭成员对家庭的付出，不是所谓的理所当然，而是值得每位家庭成员去感谢，去看到，去关注到，为付出的家庭成员创造强烈的价值感和归属感，进而鼓励和激发每一位家庭成员的归属感和价值感。

每一位家庭也要勇敢表达自己被"忽略"的家庭贡献，不要担心有"邀功"的嫌疑，而是勇敢让自己的家庭付出被看到、被听到，感受到家庭成员对自己的感谢与肯定。

请回想一下，在家庭中，甚至在工作中，你有没有这样的情景：

（1）明明做了很多的付出，但就是没有人向自己表达谢意？

如果有，请写在下面：

（2）你希望相关人员怎么做才会舒服？

二、欣赏

欣赏和致谢一样，都是对家庭成员的接纳和认可，会对整个家庭场域的正向塑造起到巨大的推动作用。

欣赏，与致谢的不同在于，致谢给予家庭成员的是归属感，是承认对方的行为或者做法，给家庭或者家庭成员提供了价值、创造了福祉，或者带来了好处，并且为这些价值、福祉和好处，进行发自内心真诚的反馈。

欣赏，更多是价值感，也就是在认可对方的观念、行为和能力。
欣赏是更高层次的认可和接纳。
欣赏对方，同样需要自我觉察和关注，否则"发现"不了值得欣赏的，这也需要反复的练习，才可以娴熟地运用。

欣赏三步骤

欣赏的行为 → 具体的事例 → 呈现的能力或心态

欣赏三步骤示意图

致谢与欣赏的三个步骤很重要，缺少任何一个环节，都会让其价值衰减，表达也会变得苍白。

请回想一下，在家庭中，甚至在工作中，你有没有这样的情景：

（1）自己在某一方面，表现出了少有的成就，或者创新，并且取得了良好的效果，很想让别人知道，但就是没有机会？

如果有，请写在下面：

_____
_____
_____
_____
_____

（2）你希望相关人员怎么做才会舒服？

_____
_____
_____
_____
_____

致谢与欣赏是优度家会的第一步，也可谓是最关键的一步，这一步的执行品质直接决定了本次优度家会的成果。

"致谢与欣赏"这一步骤的目标在于优度家会的 U 场域构建，所有家庭成员是否全部敞开了心扉，放下了戒备，放下了怀疑和不信任，是否感觉到了安全、放松和平等的交流氛围，是否感受到了家庭成员之间浓浓的爱。

我们的一个优度家会案例，就是在"致谢与欣赏"环节成功打开了家长与孩子的交流通道，孩子从大家要开会来"对付"我，到"我终于可以把自己的想法完整表达出来了"，这期间"严厉的老爸还不能随意打断我"，那一刻他真诚地把自己的想法分享给父母，而父母则在孩子的"致谢与欣赏"中发现了另一个"孩子"，发现在孩子的心中自己竟然如此高大、完美，孩子给予父母的欣赏与认同所带来的价值感，高于很多成就与荣誉，家庭成员的距离瞬间拉近，心与心在靠近，那一刻议题已然不再是棘手的问题，而是大家分享与交流的一件家务事而已。

优度家会案例1：
舅舅一家开优度家会

被开会

作者：何乃茜

主　　题：孩子谈恋爱，家人如何参与
时　　间：2019年3月3日晚8点到11点
地　　点：舅舅家的客厅
主　　席：表姐豆豆
秘　　书：舅舅
家庭成员：舅舅、舅妈、表弟、表姐

优度家会是一个正式会议

上学、上班没少开会，而我最不爱开会，我主持过的会不太多，从初中团支部的各种会开始，被辅导员一顿痛批之后学会了固定的套话，马马虎虎让老师比较满意。工作以后不喜欢开会的原因是不会说领导爱听而又不是我想说的话。每次听别人口齿伶俐，散文式、论文式的发言我都佩服得五体投地。如果一定要每个人都发言，我会很焦虑，轮到我发言的时候只能简单地一二三式的快速说完，才会释然。

和豆豆聊天，说起儿子谈恋爱，当爸的各种操心让所有人焦虑，家里空气好紧张。豆豆说要不明天我去你家开个优度家会吧！好啊！我没在意，她经常来家里聊各种话题，不就是坐一起说说这事吗？

第二天她来了，晚饭后她一反常态说赶紧刷碗收拾桌子，该开会了。

豆豆拿出一张会议流程，满满的，我没看清上面写的是什么，就看见儿子惊讶的表情，紧接着开始宣布手机关机，找一个笔记本，指定一位书记员，任何人发言时其他人不得打断，会议主题定为"孩子谈恋爱，家长如何参与"，这回我感觉到了会议的正式程度。

我要成为我爸这样有担当的父亲

会议正式开始，首先每个人表达对其他成员的感恩和欣赏。说实话我有点紧张，真的是开会啊！这么正式！到时我说啥？

豆豆抛砖引玉开始了，感谢我们每个人对她各方面的关心，欣赏舅舅对工作的精通及才华；欣赏我协调大家庭关系的睿智；欣赏儿子的优秀……原来我们每个人在豆豆心里是那么出色，那么重要！看得出来全家都被豆豆的感恩和欣赏所感动，几乎是强忍着眼泪，生怕流泪被其他成员笑话。可是我心里还在打鼓，轮到我的时候说什么呢？心里祈祷主席豆豆千万不要指定下一个是我发言啊！

出乎意料的是儿子主动要求先发言，这个会主要起因是他们父子俩成天闹矛盾，而他从他爸爸开始感恩了，感谢有这么一个爱他、关心他、帮助他的好爸爸，所有的不愉快都是爸爸对他的爱，他都能理解，那是父爱如山！虽然平时总是跟爸爸作对，但是在外面从来都是跟别人说爸爸是如何为他默默付出。

说起欣赏，让我感觉到在儿子的心目中他的父亲是多么的有担当，多么有才华，特别提起对姥姥姥爷无微不至的照顾时，我们都开始找纸巾，眼泪止不住地流，儿子最后说我以后当了父亲就要做一个像我爸这样有担当的父亲！

我们都抬起头，看着这个既熟悉又陌生的孩子，从一个天天和自己爸爸闹矛盾的孩子嘴里说出这样的话，完全出乎预料，豆豆建议爸爸和儿子拥抱一下，两个人流着泪紧紧拥抱在一起。

优度家会上父子热泪盈眶的拥抱

儿子主动担任下一届主席

容不得我思考下一个是我发言，等我一口气感恩和欣赏了每个人之后我才反应过来，原来这跟在单位开会是不一样的，真情流露是不用思考准备的，你可以滔滔不绝，那是内化于心的感受，可以感动每个人。

感恩和欣赏环节结束后，半包纸巾用完了。

针对主题，儿子希望家长少干涉，给他留点时间和空间，几次发言中爸爸还是要反驳，甚至想教育，都及时被豆豆以会议规则制止。

最后儿子说他已经跟女朋友商量过，结婚自己过，后年再要孩子，有了孩子决不能完全丢给家长带，每天都要跟孩子有足够的亲密和教育时间，要让孩子感受到父母的爱……我们再一次相互对视，每个人都流露出赞许的目光。

豆豆的总结让大家达成共识，孩子长大了，成熟了，可以放心由他自己做主啦！

会议结束，原以为儿子最反感开会，没想到他很痛快地接受当选下一届主席，拍照留念。

大家感慨，家会要常开，一家人在这个场合可以增进了解，加深感情，和谐来得这么容易。

儿子兴奋地说，这是我爸第一次没有打断我的话，太好了！

那天晚上我的心久久不能平静，被开会由忐忑到敞开心扉发言，感受到了家是温暖的，家庭关系是可以和谐的，我爱这个家，我爱家里的每一个人。

舅舅家的优度家会侧记
——家会主席表姐豆豆

舅舅一家人于我与其说是亲戚，不如说更像朋友，尤其是和舅妈几乎算是闺蜜，所以十多年来舅舅和弟弟间的成长故事一说一箩筐，但主题一直是相爱相杀，但关键是彼此看到的更多是"杀"。

眼看着弟弟从几岁到几近而立之年，学业通达，事业顺遂，他的终身大事被提上日程，于是父子间轰轰烈烈的新一轮相爱相杀开始了。当舅妈分享了家里的新"战况"时，我灵机一动，不如就在家开个优度家会吧，大家集体面对面沟通，这可比一个一个单独聊天疏导要事半功倍。

对于优度家会当天的效果和成果，我之前并没有太高的期望，虽然优度家会在优度团队和优度家长中应用很好，但是否在舅舅家也能有很好的效果，心中做不到胸有成竹，尤其是如此一个重视家庭教育的高知家庭。

忐忑中家会如期召开，然而让我感动最深的是弟弟的表现，能在家开优度家会，感觉弟弟是给我这个姐姐一个"面子"，毕竟得念着我们这么多年的战斗友谊，然而整场家会中最真诚、最投入的是他。

弟弟真诚欣赏舅舅、舅妈和我，有理有据，自带画面，那一刻我觉得我认识了一个全新的弟弟，正如舅妈分享了"熟悉而陌生的儿子"，我们发自内心感到弟弟长大了，他已经成长为一棵参天大树。

最让我震撼的是他对舅舅的欣赏与肯定，舅舅本人被感动得停笔求放过，舅妈和我全程热泪盈眶，那一刻我感受到的一点是，孩子是世界上最善良的、最宝贵的礼物，父母的一言一行，孩子其实都可以看到、听到和感受到，只是父母常常没有给孩子一个表达的机会，以前舅舅担心弟弟表达不够好、思考不够深等，然而家会上弟弟的侃侃而谈，征服了我们每一个人，我能感受到现场氛围里舅舅舅妈呈现出的自豪感和满腔欣慰。

致谢与欣赏，第一个优度家会的环节，就让舅舅和弟弟之间的那道"隔阂"轰然倒塌，接下来的会议主题讨论水到渠成，尤其作为长辈，我们听到了弟弟心里对未来的规划和他内心的渴望，那一刻我们都觉得，弟弟已经完全可以掌控自己的生活，舅舅舅妈可以放手享受自己的人生了。

优度家会结束时，弟弟自告奋勇担任下届优度家会主席。

后来舅舅家的优度家会，我没有再去参加，但4月份弟弟完成了自己的订婚典礼，520弟弟与心爱的人走进了婚姻的殿堂，看着新人一脸的喜气洋洋，自己很感怀于那次提议在舅舅家召开优度家会，它给了家人一个坐下来敞开沟通的机会，沟通内容并不是最重要的，最重要的是大家看到彼此间那份浓郁而深沉的爱。

优度家会，让我们彼此看见、听见和感知到爱与幸福！

第二节　主要议题

主要议题是优度家会的重要构件，但不是最重要的。

这里我们要多说一句。很多家庭都认为，召开优度家会的目的就是解决主要议题，但其实不然。优度家会确实需要讨论、解决以及共创主要议题，但更要改变家庭的场域，没有第一步的欣赏和致谢，或者这个阶段只是匆匆走流程，就没有构建开放、安全和互相认可的场域，议题就很难解决，也很难被所有的家人接受和认可。

可以推断，让很多家长焦虑的青春期和逆反期，大都是因为太想解决所谓的议题，而没有通过场景构建起 U 场域来，让孩子在家庭会议开始之前就开始提防，从而在整个家庭会议中充满戒心，他们会认为家庭会议就是在批评教育自己，议题也是针对自己，因此很难达成一致。

议题转化　在讨论主要议题之前，我们需要转化一下议题，就是将针对讨论人的议题转化为针对事情的议题，例如：

（1）怎样解决上学磨磨叽叽的问题？=> 怎么解决拖延症的问题？
（2）怎么解决做作业期间看手机问题 => 怎么解决手机依赖的问题？

这两个问题的描述中，后者是针对事的，前者是针对人的。

很多孩子会抵触家庭会议，因为当他们知道家人聚在一起是在议论他们的时候，就会全副武装来应对。

因此，即使是在讨论孩子的问题，也要将议题进行转化，所有的结论或者是规则，都适用于"所有的"人，而不是有所指。这样，孩子的戒心才会减少，接受度才会增加，优度家会才会更有价值。

如果您是家长，请将时间机器拨回到您的中学阶段，回忆一下那个时候父母给我们召开的家庭会议，当你看到大家坐在一起，非常严肃在面对你的时候，你是怎么想的呢？

还记得当时的议题是什么吗？

你的反应是怎样的，是积极参与融入还是充满戒心被动参加？

能否开好优度家会，与议题选择的是否合适有直接的关系，因为优度家会本身就是一个强有力的工具，因此，对它的认知和使用心得，也是议题之一。

总体来说，优度家会的议题，可以分为以下几类，我们将根据难易程度和优先级进行说明：

一、优度家会的认知主题

优度家会的前几次，建议5次左右，其主要议题建议设置为对优度家会的认知和掌握熟练度的讨论，具体的次数，要根据家庭成员的数量而定，建议家庭中每个适龄成员都轮值过一次主席后，再进行其他的议题。

关于优度家会的议题，可以是：

（1）为什么要开优度家会？它有什么价值？
（2）优度家会与之前的家庭会议有什么不同？
（3）优度家会每个步骤的功能是什么？
（4）哪些步骤容易被略过？
（5）……

优度家会的质量，和主席对于这个工具的掌握程度，以及他对优度家会的认知程度密切相关，所以，对以上问题的讨论和交流至关重要。

另外，这些议题都是开放性的，没有对错、没有评判。家庭对于这些问题的交流，也会慢慢地构建出平等对话的氛围来。

二、家庭活动规划

熟悉了优度家会的流程和规范后，就可以讨论相对轻松但是对于家庭场域非常重要的家庭活动了。

此类的主题，对于对与错的讨论较少，但是又需要就时间安排和兴趣进行讨论和平衡后作出结论，因此，此类的主题会持续考验家庭中优度家会的质量，并且也在逐渐建立平等的对话氛围，以及大家对家庭事务的参与度。

此类的主题有：

（1）家庭娱乐活动，如一起看电影、听音乐会，甚至是周末大家一起看电视剧和娱乐节目等。
（2）家庭旅游活动，如出国旅游、周末游园等。
（3）节假日家庭拜访亲友的安排。

（4）家庭学习安排，如国学诵读、读书会、旅游分享、工作学习分享等。

（5）家庭节日的庆祝活动，如家庭成员的生日聚会、结婚纪念日以及其他节日的庆祝。

……

家庭活动的规划，这样的主题，不仅仅过程是全体参与，而且结果也要尽量全体参与，与其说是一个家庭共创的过程，不如说是将高质量陪伴落实下来的具体行为。

三、家务劳动分工

现在可以和孩子一起讨论关于家务劳动的事情了。

把家务事放在每周的优度家会中来讨论，就是避免孩子"被告知"要分担一部分家务，"被告知"的感觉，似乎是某种惩罚，或者在暗示"家务劳动是一个苦差事"。

要在优度家会上讨论家务事，以便让孩子来帮助解决做家务的问题。如果孩子能说出自己的感觉，并且参与讨论和选择，他们就会更愿意合作。

更重要的是，在参与讨论和选择，其实就是在给予他们归属感，"家，也有你的一份"，而参与家务，因为自己的付出，让家变得更整洁、更温暖，就是给所有人作出了贡献，价值感也随之而来。

所以，将家务的分工，拿到优度家会上来讨论吧，只是注意要循序渐进。

（1）洗自己的内衣和随身衣物。

（2）整理自己的床铺和文具。

（3）外出旅行整理自己的行李箱。

（4）周末的全家清理行动。

（5）节假日家庭大扫除的分工。

……

因为家务事容易枯燥，容易出现"三周综合症"，就是第一周，孩子会热情高涨地执行他们参与的家务劳动计划；第二周继续执行，但是热情大减，第三周开始抱怨。这时候，大家就应该再次将家务事放在优度家会上进行讨论，给孩子重新选择的机会，因此，对于家务劳动的分工，最好每个月至少有一次放到优度家会上来讨论。

千万不要认为"孩子现在的任务是学习，家务事可以不做"，这就剥夺了他们为家庭作贡献的机会。并且，孩子们在参与家务劳动的过程中，还可以锻炼他们的生活自理能力、动手能力、时间规划能力等，这些能力的锻炼和获得，需要成人给予他们机会。

并且，参与家务劳动以后的优度家会，在致谢和欣赏的环节，我们就很容易地捕捉到他们值得我们感谢和欣赏的地方了。

不管是执行之前的方案，还是孩子们提出新的方案，这都是我们想要的，记住，参与才是我们真正的目的。

当然，对于日常出现的家务，如整理自己的床铺，如果讨论结果达成一致的话，就可以将这个规则放进下面一项——日常惯例和家庭规则里。

四、日常惯例和家庭规则

很多孩子没有规则感，不遵守约定，其根源大部分都是从小在家庭中没有对其进行遵守规则的训练——没有底线、没有规则。

因此，在家庭中制定家庭规则和日常惯例，不仅是为了共同遵守，而且还是对家庭成员提高规则感、按照约定做事意识的培养和行为的训练。

日常惯例就是父母和孩子都遵守的共同约定，如刷牙后才能睡觉，饭前要洗手等，日常惯例可以使所有家庭成员都能更相互迁就，并具有自发性和创造性，如果能和善而坚定地执行日常惯例，更会有助于消除权力之争，并且让每个家庭成员都能对家庭有归属感并作出贡献。

同时，家庭惯例和家庭规则，还能教会孩子们为自己的行为负责、感觉自己有能力，并且与家人合作。

家庭惯例及家庭规则能否愉快地被执行，关键在于孩子们是否参与了家庭惯例和规则的制定，是"被告知"还是"自己参与制定的"？

五、家庭决策

家庭中，有一些事情需要大家群策群力，而且还难免大家各有想法，比较难以达成一致，或者很难找到最优，但是还必须进行选择的事件。如何处理这些事件，以及如何在处理这些事件的过程中，激发所有家人的归属感和价值感，这是一个需要我们思考的问题。

其中的重点在于，我们一定要清楚，**决策与决策的过程同样重要**。

家长们都有经验，当我们没有征求所有人的意见，只是告知的时候，其实很多人是抵触的，我们必须深刻地知道，每一个意见和争论，都应该让这个决策更正确，以及让家人们更加能够互相了解，并且坚定地站在一起。

这就是决策过程的价值，结论只是决策过程的产物。

经常使用的方法就是头脑风暴，家庭中的头脑风暴需要注意的是，就是在征集建议阶段，不能评价，即使你看起来再不合理的建议，都应该被肯定和保留。

六、家庭使命宣言及传承

看电视剧或者电影，以及名人传记，我们会看到很多名门望族都会有传家宝或者"祖上遗训"，同时我们也能看到这些家族都在虔诚地遵守着，因为这对于家族延续富贵、平安和威望非常有价值。因为这些内容，都是经历岁月的洗礼而沉淀下来的，所以也会更能经受住时间、社会动荡的考验。

曾被入选"影响美国历史进程的25位人物"，被《时代周刊》评为"人类潜能的导师"，并且得到美国总统奥巴马接见的史蒂芬·柯维博士，也曾在他的《高效能家庭的七个习惯》中，用大量的篇幅强调，每个家庭都要制定自己的《家庭使命宣言》。他认为，家庭使命宣言是每个家庭成员所共有的、综合的表述，说明你们的家庭是什么？你想做什么和成为什么样的人，这是大家选择的，用来处理家庭生活的原则。他的思想基础是，所有的东西都会被创造两次，第一次来自思想，或者说精神的创造，第二次来自现实，或者说是具体的创造，他比喻，家庭使命宣言，就像是家庭的飞行目标，没有目标，我们永远到不了想要去的地方。

因此，对于家长来说，随着对优度家会的熟悉，以及在这个过程中对自我、对家庭、对孩子的教育的学习和思考，就要在合适的时机讨论家庭中需要传承下去的规则或者思想了。

同时，也可以像柯维博士一样，将讨论、梳理自己家的使命宣言作为优度家会的主要议题，投入大量的时间，和家人一起来共创。

家庭使命宣言，是家庭场域构建的最有价值的成果，具有不可替代的作用。

对于父母来说，通过参与建立使命宣言的过程，会发现自己能够战胜为人父母的恐惧，并且能拥有决策力，不再试图赢得孩子们的欢心，也不再过分依赖孩子的认可。

如果对共同的看法和价值观有深刻清楚的认识，在遇到有关准则的问题时，就会有非常高的要求，就有勇气让孩子们变得负责，让他们体会自己行动的结果。

出人意料的是，因为家长尊重每个孩子的个性，让他们自我管束，在他们的眼界和经验范围内作出自己的决定，你也会对他们更加充满爱意和同情。

另外，家庭使命宣言，也会在父母和孩子之间、夫妻之间，建立更紧密的纽带。

家庭使命宣言图示

对于孩子来讲，通过家庭使命宣言可以让他们知道，家长对他们的承诺，贯穿他们的出生到成年，爱的纽带，从来不曾也永远不会断裂。如果孩子们能感受到这种程度的承诺，并且这种承诺通过语言和行为得到表现，他们就愿意有节制地生活，愿意接受责任，并对自己的行为结果有所估计。

建立一个家庭使命宣言，可以让整个家庭一起去检验、澄清和刷新那些承诺，并且让那些承诺不停地呈现，并影响到家长和孩子每一天的生活方式。

建立家庭使命宣言，需要注意的是：

第一，**不要宣布**。要在多次优度家会中来讨论这个主题，要让每个人都参与，都作出承诺。要记住，没有参与就没有承诺。

第二，**不要着急**。不要催促家人制定使命宣言，那他们就会让你按你的方式行事，然后他们好去做别的事情，但是那份宣言并不反映他们的感觉，也得不到他们的拥护。请记住，过程和结果一样重要，需要深入地真正地参与，互相倾听，共同努力，以让每个参与者的想法和感觉，都在使命宣言中得到体现。

第三，**不要忽视**。记住，先有目标再行动，遵守家庭使命宣言是一种习惯，而不只是在一件事物、一次行动中运用。因此需要你把使命时时放在眼前，时时用来对照，并在家庭生活中运用。

你一定要相信，目标和指南针的力量会帮你超越，只要你对自己保持耐心和忠诚，并保持正确的航线。

以上，我们给大家介绍了优度家会中的主要议题的几种类型，由此可以看出，开好优度家会是一个循序渐进的过程，也会产生大量的成果。当然，还有很多没有写到的方面，这需要大家在不断的实践中去发现。

当我们完成主要议题的讨论后，就进入到下面大家都喜欢的一个环节了。

附：增进家庭关系的 36 个问题

很多家长苦于和孩子没有深度沟通，其主要原因是在沟通中无意识暴露出的"探测"的意图，使得沟通变成了"侦探或者诱导"，再一个原因就是缺乏工具，不知道探讨什么议题。

要想和孩子的关系从疏离到亲密，需要双方不断深入剖析自己的内心并互相坦白。

人们之间的亲密程度，跟他们对同样问题的回答是否相似并无直接关系，也就是说，"三观相同"并不是两个人关系亲密的必要条件。

为了增进家人之间的亲近度，优度家会的主要议题可以任选下面的一些问题，这些问题需要参会人员依次真诚地交流。

第一组问题

（1）假如可以选择世界上任何人，你希望邀请谁共进晚餐？

（2）你希望成名吗？在哪一方面？

（3）拨打电话前，你会先练习要说的话吗？为什么？

（4）对你来说，怎样才算是"完美"的一天？

（5）上一次唱歌给自己听是什么时候？唱歌给别人听又是什么时候呢？

（6）假如你能够活到90岁，并且你可以选择让你的心智或身体在后60年一直停留在30岁，你会选择哪一个？

（7）关于未来你可能怎么死，你有自己的秘密预感吗？

（8）列举3个你们家庭（你和对方）共同拥有的特质。

（9）你的人生中最感恩的事情是什么？

（10）假如可以改变你成长过程中的任何事，你希望有哪些改变？

（11）用4分钟的时间，尽可能详细地向对方讲述你的人生故事。

（12）假如明天早上起床后能获得任何一种能力或特质，你希望是什么？

第二组问题

（13）假如有颗水晶球能告诉你关于自己、人生或未来的一切真相，你想知道什么？

（14）有什么事想做很久了？还没去做的原因是什么？

（15）你人生最大的成就是什么？

（16）友情中你最重视哪一个部分？

（17）你最珍贵的回忆是什么？

（18）你最糟糕的回忆是什么？

（19）如果你知道自己将在一年内突然死去，你会改变自己目前的生活方式吗？为什么？

（20）友情对你而言意味着什么？

（21）爱和感情在你生命里扮演什么样的角色？

（22）轮流分享你认为对方拥有的比较好的性格特点。各自提5点。

（23）你的家庭关系亲密温暖吗？你是否觉得自己的童年比大部分人快乐？

（24）你与母亲的关系如何？

第三组问题

（25）尽可能多地说出含有"我们"并且符合实际情况的句子，比如"我们现在都在这个房间里"。

（26）完成这个句子："我希望可以跟某个人分享——"。

（27）如果你要成为对方的密友，有什么事是他或她需要知道的？

（28）告诉对方你喜欢他或她的什么地方（回答此题必须非常诚实，要说出你可能不会对刚认识的人说的事）。

（29）和对方分享你人生中尴尬的时刻。

（30）上次在别人面前哭是什么时候？自己哭又是什么时候？

（31）告诉对方，你现在喜欢他或她什么地方。

（32）有什么事是绝对不能开玩笑的？

（33）如果你今天晚上就会死掉，而且无法与任何人联系，你最遗憾还没有告诉别人什么事？为什么还没说呢？

（34）你的房子起火了，你所有的东西都在里面。在救出所爱的人和宠物后，你还有时间可以安全地抢救出最后一件东西。你会拿什么？为什么？

（35）在你所有家人当中，谁的死对你的打击会最大？为什么？

（36）分享你人生中的一个问题，问对方遇到这样的问题会怎么做？同时也请对方告诉你，在他或她看来，你对这个问题的感受是什么。

第三节　游戏时间

每一个孩子都喜欢游戏，家长也不例外。但是游戏分两大类，一是网上的游戏，二是线下、面对面的游戏。这里的游戏时间中的游戏，是第二类。

为什么把游戏时间作为一个重要的环节放在优度家会中呢？是因为：

（1）游戏可以让每个人忘记角色，实现真正的平等。
（2）建设家庭归属感。
（3）让氛围更加轻松、融洽，充满快乐，如果前一步主要议题比较严肃的话，这一步更重要。
（4）增加参与度。
（5）游戏可以让人变得柔软。
（6）增加优度家会对年龄小的孩子的吸引力。

一些家长认为游戏时间是可有可无的，好像是在"玩"，因此就有省略的想法。其实这是不对的，我们一定要知道，**优度家会的目的绝不是在解决你能看到的问题——如手机依赖，而是在解决你看不到的问题——大家内在的交流沟通需求**，而全家人在一起游戏、欢乐的时光，是最好的陪伴和互动，一定不能省略。

优度家会游戏时间的欢乐情形

很多研究表明，游戏可以润物细无声地促进孩子如下能力的发展：

（1）**游戏促进感知能力发展**。游戏过程中，孩子会动用各种感官参与其中，通过眼看、耳听、鼻闻、口尝、手摸，了解各种事物的特性，有更多的机会让孩子综合运用感官，从而提高观察力和记忆力。

（2）**游戏促进思维能力的提高**。游戏过程中，孩子需要完成游戏的任务和目标，为了"赢得"游戏，孩子会调动思维去达成结果，而且在强烈的成就驱动刺激下，孩子会拓展思维来达成游戏成果和目标，锻炼敏锐的反应能力、信息处理能力和实施能力。

（3）**游戏促进语言能力的提高**。游戏具有激发一般语言的组合能力的功能，有很多语法本身所具有的组合方式，在游戏中更为顺利地为孩子所理解和运用。同时，游戏提供了语言的表达环境，练习了语言的发音、丰富了词汇和理解了含义。

（4）**游戏促进想象力的提高**。每一个游戏都会设定一个场景，线上游戏会做出具体场景呈现，而线下游戏完全靠孩子自动代入游戏场景，根据自己的想象力在大脑里构建游戏空间，然后驰骋在游戏场景中去想办法赢得游戏。

（5）**游戏实现了社会性的发展**。在游戏中，儿童结成了两种类型的交往关系，一种是现实的关系，一种是游戏中的角色关系，但无论是哪种关系，都为儿童的社会性发展创造了有利条件。

（6）**游戏提供了儿童社会实践的机会**。在游戏过程中，家庭中的每一个人都可能扮演不同的角色，这对孩子理解角色关系，学习和模仿角色行为，从中学习角色义务、责任和权利，以便更好地掌握现实生活中的人际关系起到了非常重要的作用。

（7）**游戏使儿童经常体验积极的情感**。游戏是由快乐原则支配的，所以游戏往往给人一种积极的情感体验，这里最集中地表现在游戏能发展儿童的成功感，从而增强儿童的自信心和自尊心。

当孩子在游戏中的角色行为经常和道德行为联系在一起的时候，对角色的体验也就常常充满着道德情感的体验，长此以往就容易形成稳定的道德情感。

游戏常常使人沉浸在高度的美感享受中，从而产生自发的表现欲。

附：优度家会游戏

家会游戏 1：3 个字

1. 参与人数：随意
2. 活动准备：无
3. 活动场地：室内室外均可
4. 规则

（1）参赛者注意力集中。

（2）主席指定一人开始，被指定的小伙伴向左或右中的一个人扭头，并说出任意的三个字，比如"天安门"，接下来的人也要向同一方向扭头并讲出同样的三个字。（例：①天安门→②天安门→③天安门→…）

（3）如想换掉刚刚讲的三个字，则应向相反的方向扭头并说出不一样的三个字（例：①天安门←②天安门←③天安门←④哈尔滨）。

5. 淘汰情况

（1）扭错方向被淘汰（说的三个字和上家一样，却向反方向扭头则被淘汰；说出和上家说出的内容不一样却没有向反方向扭头则也被淘汰）。

（2）说的字数大于或小于三个字数被淘汰。

（3）重复前几轮被说过的内容被淘汰。

（4）节奏反应迟钝超过5秒被淘汰。

家会游戏2：萝卜蹲

1. 需要人数：随意
2. 活动准备：画有蔬菜或水果图案的纸
3. 活动场地：室内室外均可
4. 规则

（1）参赛者每人拿着一张蔬菜或水果的纸，代表一种蔬菜/水果。

（2）主席指定一人开始，被指定的人说："××蹲，××蹲，××蹲完，××蹲。"（例：萝卜蹲，萝卜蹲，萝卜蹲完黄瓜蹲）

（3）被叫到的那个蔬菜，蹲下重复指令，以此循环。

（4）节奏由慢变快。

5. 淘汰规则

（1）被叫到名字的没蹲。

（2）叫错其他伙伴名字的被淘汰。

（3）说自己超过三次的也被淘汰。

（4）重复说一种蔬菜不能超过2次，否则被淘汰。

（5）停顿超过5秒被淘汰。

家会游戏3：抢数大王

1. 需要人数：随意
2. 活动准备：无

3．活动场地：室内室外均可

4．规则

（1）每个人都说出一个明星的名字代表自己。

（2）游戏开始从1抢数，如果两个人同时报出同一个数，那么就要迅速喊出对方代表的明星的名字，没有叫出对方明星名字的或者叫错的即被淘汰。

（3）抢到最后一个数的也会被淘汰，每淘汰一个人就从1重新开始抢数。

5．示例

（1）比如六个人，a、b、c、d、e、f分别代表着范冰冰、李冰冰、杨幂、杨颖、杨紫、杨超越。

（2）开始抢数，a说1，b和d同时喊了2，这时就需要快速说出对方代表的明星姓名，如果b先说出杨颖，那么d就被淘汰了，然后五个人重新开始。

（3）如果a说1，c说2，d说3，b说4，e说5，f说6那么f就被淘汰，因为他抢到的是最后一个数。

家会游戏4：报纸拔河

1．需要人数：至少两人
2．活动准备：报纸、大张纸
3．活动场地：室内室外均可
4．规则

（1）在报纸上挖两个人头大小的洞。

（2）二人对坐各自把纸套在头上，并看着对方的眼睛用脖子拔河。（站着拔河也可以，一定要看着对方的眼睛）

（3）人多可以分几个组一起拔河。

5. 淘汰情况

（1）报纸破裂离开脖子的一方被淘汰。

（2）没有看着对方的眼睛进行游戏的一方被淘汰。

（3）不可以用手去拉扯对方或报纸，只能脖子用力。

家会游戏 5：贴头牌

1. 需要人数：随意
2. 活动准备：扑克牌，去掉大小王
3. 活动场地：室内室外均可
4. 规则

（1）一人抽一张牌，贴在自己的额头上。

（2）自己不能看自己的牌，但却能看到周围人的牌。

（3）A最大，2最小，当有两方或几方同一个点数时，花色从小到大的顺序依次为黑桃、红桃、梅花、方块。

（4）此时游戏开始，根据别人的表情，猜测自己牌点是不是最小。

5. 淘汰情况

（1）如果觉得自己最小，可以直接放弃，接受轻微的惩罚（但不许看自己牌面，游戏继续）。

（2）直到大家都不放弃时，一起亮牌，最小者受罚。

（3）游戏关键，在于大家初次看周围人牌时的瞬间表情和眼神（如果演技精湛……哈哈哈哈，你懂的）。

家会游戏 6：贼喊捉贼

1．需要人数：随意

2．活动准备：分别写着"官、兵、捉、贼"字样的四张小纸（人多，兵、贼、可以增多）

3．活动场地：室内室外均可

4．规则

（1）将四张纸折叠起来，参加游戏的四个人分别抽出一张。

（2）抽到"捉"字的人要根据其他三个人的面部表情或其他细节来猜出谁拿的是"贼"字。

（3）猜错的要罚，由抽到"官"字的人决定如何惩罚，由抽到"兵"字的人执行惩罚。

家会游戏 7：听 7 敲 7

1．需要人数：随意

2．活动准备：无

3．活动场地：室内室外均可

4．规则

（1）参赛者围成一圈。

（2）任意一人开始数数，1、2、3 那样数下去，逢到 7 的倍数（7、14、21）和含有 7 的数字（17、27）必须以敲桌子代替。

5．淘汰情况

（1）如果有谁逢 7 却数出来了被淘汰。
（2）有谁没逢 7 就敲桌子的被淘汰。

家会游戏 8：上山抓三

1．需要人数：随意
2．活动准备：无
3．活动场地：室内室外均可
4．规则

（1）参赛者围成一个圈，每个人分别为：左手成五指展开手掌形状，右手成握拳状且食指向上翘起。
（2）把展开的左手搭在你向下左边伙伴向上伸出的食指上。
（3）由主席讲一段任意的话，可以是故事、笑话或者诗歌等，在这段话里凡听到带有读音 san、shan 时，你左掌要尽力抓住旁边伙伴的食指，右掌要尽力逃脱伙伴的"魔掌"哦。
（4）抓住小伙伴的食指或从小伙伴"魔掌"下逃掉时都算赢。

5．淘汰情况

（1）被抓住时算淘汰。
（2）一段话下来，被淘汰次数最多的玩家，要被惩罚哦。

家会游戏 9：格格吉祥

1．需要人数：随意

2. 活动准备：无
3. 活动场地：室内室外均可
4. 规则

（1）还珠格格，由主席开始说"还"，然后指任意一个人说"珠"，依次类推说到最后一个"格"的人，要做出吉祥的动作。

（2）旁边的两个小伙伴作为宫女要同样做出吉祥的动作。

5. 淘汰情况

（1）反应不及时者淘汰。

（2）动作错误者即被淘汰。

家会游戏 10：头文字 D

1. 需要人数：随意
2. 活动准备：带上脑子，烧脑
3. 活动场地：室内室外均可
4. 具体操作

（1）由主席来说，比如 A 是车子 B 是牛肉 C 是杯子 D 是什么？

（2）接下来任由大家猜测，不论回答什么，没有加"D 是"这两个字的都算错误答案。

5. 淘汰原则

！！！：不管 abc 是什么，只要在回答时回答"d 是××"就算对，重要的是答案必须带"d 是"，这就是这个游戏的规则，知道规则的你是不是豁然开朗了呢？而且这样的游戏规则谁能想得到呢？

注：选择可以有千万种，但是一定要讲规矩哦！！！

第四节　回顾与总结

对于每一位家庭成员，优度家会的每一步都有不可替代的作用。

致谢与欣赏阶段，目的是使每个人都能得到正向的反馈，通过被看见和团队观照，使每个人都能感受到归属感和价值感。

主要议题阶段，通过开放讨论，创造共识，解决存在的问题。

游戏时间，塑造轻松、快乐、平等的家庭时光。

回顾与总结阶段，是优度家会比较重要的阶段，是每个人回顾本次优度家会的进程及感受，以及总结主要议题中的结论，这个结论是所有人的成果，需要今后坚定执行下去。

一、回顾与总结的目的

要记住的是，这里的回顾与总结，不是惯常意义上会议总结——由主席做会议总结——其他人被动地听，而是要达到下面的三个目的：

检视优度家会的质量

回顾与总结，就是每个人都要回顾整个家会的流程和感受，从内心出发检视整个家会的质量，并在四不原则的前提下，畅所欲言，要让大家知道：

（1）本次优度家会是否表达了自己真正想表达的意思？

（2）感受如何？是否平等？是否感受到某些压力让自己在表达时有所顾忌？

（3）优度家会的步骤是否完整？顺序是否正确？

（4）整个过程，你的感受是什么？

（5）你看到了其他人的哪些你以前不知道的信息、贡献或者事件？

（6）……

本阶段，是检视优度家会质量和收获的阶段，也需要每个人手持发言棒，轮流发言，这一步同样的重要。

总结成果和结论

优度家会，不但能够塑造 U 场域外，而且在主要议题阶段，还能得出大家都接受的决策、共识和规则来，为了将之运用到家庭活动以及家庭成员的互动之中，并在任何时候都能和善而坚定地执行，就需要将这些决策、共识和规则公布和明确出来。

所以，在本阶段，需要主席或者其他人，将这些决策、共识和规则予以明确，并记录下来。

对于这些决策、共识和规则，主席明确后，希望每个人都能表态。当然，如有保留意见，也需要毫无顾忌地表达出来，以便在后面的优度家会中予以讨论或者澄清。

表达多样情绪

回顾与总结阶段，不仅仅只有正向的情绪，也有一些其他情绪，我们也能用正确的方法处理和表达，下面描述的其他情绪，在萨提亚的理论中，被称为"温度读取技术"，或者是"天气预报"。

二、忧虑

忧虑，包括担心和迷惑，因为害怕显得不够独立或者太过愚蠢，成年人常常不敢表露出自己的忧虑。为了掩饰自己的忧虑，父母们常常会教育他们的孩子相信，成年人是无所不知的。

当人们无法处理自己对其他家庭成员的忧虑和担心时，就会创造出一些可能的流言和假设。通过表达自己的忧虑，家庭中就可以澄清这些假设，弥补其不确定性，并且更深入地了解自己和家人。

要做到坦然地面对每个家庭成员的行为，人们需要对家人表达出他们的担心或迷惑，并提出恰当的、非责备性的问题。

正确的表达方式，通常以"什么、怎么、何时、何地，可能还有为什么"作为开头，这样的提问和回答，使我们可以在不激活其他人的防御机制的前提下，建立起澄清事情的氛围。

要尽量避免那些实际上表达出陈述意味的问题，例如"谁昨天晚上又没有关灯？"相对的，要家人用第一人称"我"做陈述，来表达他们不满的感觉，并用问题来表达忧虑或困惑。

三、抱怨和建议

说出抱怨也可以揭示出潜在的愤怒感。当我们感到愤怒的时候，承认它是非常重要的。在优度家会中，通过向别人承认这种感受，从而成为愤怒情绪的主人，可以帮助我们正确地应对和处理它。同样，我们也需要承认自己的伤痛、恐惧以及潜在的期望，但是我们无需将愤怒发泄到别人身上。

本阶段，不管成人还是孩子，在恰当的时刻分享他们内心的忧虑和担心，继而从他人那里获得更加直率、坦诚和支持性的反馈，来为这些担心和忧虑承担更多的责任。

同时，我们也认为，发现问题或发出抱怨的那个人也是对可能的解决方案最为了解的人，甚至，他们发出抱怨之前已经有了答案。

四、新资讯

优度家会中，要和家人分享自己了解的新资讯，我们常常会假定我们知道的资讯，其他人也同样一清二楚，无须我们多费口舌，这样的假定往往是错误的，会给家庭的沟通带来困难。

分享新的决策、成就和活动，是建立一个家庭团队的重要方面，这个环节会帮助我们家庭中每个人都得到了相同的消息，并且在同等的理解程度上运作，同时没有人会感到自己被排除在外，或是被人忽视。

五、希望和梦想

一个没有用言语表达出来的希望，几乎没有机会实现，一个清晰说出的希望，则有很多达成的机会。虽然，没有人会担保我们的愿望可以实现，但是当我们将自己的希望用言语表达出来的时候，我们就可以和家人一起，将能量和资源直接调配到实现这些希望的方向。

很多孩子不愿意表达自己的愿望和梦想，其原因是家长会"评判"它们，为了不给自己惹麻烦，最好的选择就是不表达。因此，能在家庭会议中说出自己的希望和梦想，本身就是场域建设的一种成就——每个人都允许别人、接纳别人的梦想——这需要平等。

一旦我们能够用开放的态度来面对希望和梦想，也就为机遇敞开了大门，寻找资源也就成了让我们实现梦想的一条途径，其他家人也就会对我们的梦想产生兴趣，并且能够帮助我们来实现它们。

通过支持个体的希望和梦想，家庭生活也会变得更加丰富多彩，也会帮助参与者提升自尊、建立亲密关系。

是否加入以上的分享内容，需要主席根据时间的宽裕程度，以及现场的场域来决定。

第五节　确定下届主席和优度家会时间

分享与总结阶段结束后，就要着手下一步的安排了，**这一步绝不可以省略**。要想优度家会持续地开下去，就需要有一个人，并且只能有一个人来负责下次会议的召开，否则，就很难坚持下去。

在这一步，主席要注意的是，需要留出时间让大家思考，一般的做法是：

（1）先询问有没有家庭成员主动请缨担当主席的，问完不要着急下一步，要留出时间思考，并且，最好问三遍。

（2）如果没有人站出来主动担任的，这一步就让人推举一个人来担任。同样，不要着急下一步；在这一步，主席也可以推举。

（3）如果以上两步都不能确定主席，这说明其他人还没有做好准备，还需要带动或者学习，那么主席就需要再次自荐担任下次的主席。这很正常，每一个新的工具被接纳和运用，都需要时间。

下一次优度家会的主席确认后，就需要确认下次的时间了，记住，一定要在这个环节确认，否则，下次优度家会的时间就会遥遥无期。当然，确认的过程要考虑到每个人建议。

这一步要确认的是：下一次优度家会的主席和时间，主要议题可以确认，也可以不确认。

第六节　交接仪式

确认了下一次优度家会的主席和时间后,为了再一次明确责任,还需要有一个比较正式的交接仪式:

(1)在大家的注视下,由本次主席将主席象征物和发言棒,郑重地交给下一届主席。

(2)新主席宣布下一届优度家会的召开时间。

交接仪式可以有很多创新,越是有仪式感,赋予新主席的责任就越大,优度家会就越是能够持续。

对于主要议题,可以在两次会议之间,由主席征集。

至此,优度家会的六个步骤已经介绍完毕,要说明的,这六个步骤每一步都有其价值,缺一不可,并且顺序也不能颠倒。

优度家会是一种家庭成员之间互动的一种形式,这种形式本身暗合了诸多元素,能在一定程度上提升夫妻之间、家长与孩子之间、大家庭中小家庭之间的沟通质量。结合优度家会这个有效的形式,家长和孩子们可以在参与优度家会的过程中,在家长和孩子的良性互动中,在逐渐解决、逐步深入的问题解决过程中,获得进步。

优度家会案例2：
乔帮主家的优度家会故事

2019年5月28日上午九点三十分，杭州市汇峰国际商务中心D座D313室，一群学员正在仇老师的带领下，进行优度家会的实际操作和体验。面对刚刚落座，脸上还有些睡意的学员，仇老师说："昨天晚上，我们进行了优度家会的第一个环节——致谢与欣赏，因为大家是第一次做，为了做得充分，咱们使用的是hot-chair（热椅子）方式进行的，大家做得很充分，用了3个多小时。"

仇老师继续说："现在咱们进入优度家会的第二步——主要议题，这次咱们的议题是——你最崇拜的人是谁？这类议题的目的是，促进家庭成员之间的互相了解和认知，实现互相了解和深度沟通的目的，请依次向大家介绍你崇拜的人是谁？你为什么崇拜他（她）？"

"好，下面我先来！"，仇老师似乎是要给大家做个示范，"我崇拜的人是毛泽东，因为第一，他有坚定的信念，一生之中，都在为了信念而努力；第二是他在任何困难和胜利面前，都知道自己要什么，要去向哪里，不会被眼前的事务所左右；第三，……"

就这样，大家按照这种模式，一一向大家介绍了自己的偶像，大家在倾听之中，看到了一个又一个伟大的人物在眼前浮现，对介绍者的了解也越来越深入了。

发言棒慢慢传到了乔静的手里。

乔静考虑了一会，说："我崇拜的人有两个，第一，我觉得我崇拜我自己，我敢于挑战自己，善于学习；第二，我崇拜仇老师。"

这时候，大家笑了起来，乔静接着说，"真的，我崇拜仇老师的智慧，而且他改变了我们全家人。"当她说到这里，会议室的氛围一下子安静了下来，大家的注意力被她吸引了过来。

"从去年开始，我就上了优度的家长课，在家长课上，我个人的变化我就不说了。我说一下2019年寒假期间，我上了家长课的翻转课堂之后，学会了优度家会之后我们的变化吧。"

"当时，我和儿子嘉文一起去的优度，他上的表现力的课，我上的家长课。"

"课程结束，我们返程的路上，因为要完成回家开优度家会的作业，我给儿子说：'妈妈有个作业，要回家开优度家会，咱们两个先开一下啊？'

儿子说，'我们在课程中每天也开，也有回家开优度家会的作业'

'那咱们俩就在火车上开吧？'

看到儿子有些犹豫，我说'我先来做主席，第一步，致谢与欣赏，儿子，妈妈特别感谢你的是……'

"当我说完，就迅速把发言棒递到儿子手中，当时我特别担心他拒绝，可是儿子只是稍微犹豫了一下，就接着说：'妈妈，我更感谢您对我的……'"

"就这样，我们两个你说完我说，你感谢完我再感谢，儿子边说边流眼泪，我也是"。

"我们说了一路，这一路，被幸福、感动、感恩充盈着。"

"快到站的时候，我和儿子就已经商量好了，回家一定发动大家开优度家会。"

"就这样，只要我回家，吃过饭，第一件要做的事就是开优度家会，这成了我们的惯例，一开始，我做主席，儿子做秘书进行记录，第三次的时候，我就鼓励儿子做主席，我来记录。"

喝了口水，乔静接着说。

"最令我感动的是，我们第一次开全家的优度家会的时候，轮到我向婆婆表达致谢了，我拉着婆婆的手，望着她的眼睛说：'感谢您像对待女儿一样对待我！对我这么包容，什么活都不让我做'。

这时候，婆婆的眼泪一下子流了出来，低着头半天都不吭声，而且不止婆婆的眼里满是泪水，公公的眼睛也湿润了。我永远都忘不了那个场景，那个时候，我觉得我们全家的心都在一起了，我觉得我们全家是那么的幸福！"

乔帮主与婆婆在优度家会

"虽然，我们还有需要再改进的地方，还有一些不如人意的地方，但是，有了优度家会，我们家一定是最幸福的家。"

乔静停顿了一下，仿佛要积累力气，然后又说：

"所以，我崇拜仇老师的智慧，研发了优度家会，也崇拜仇老师的爱心，将优度家会这么好的工具，教给了我们！"

乔帮主家的优度家会全家福

第四章

优度家会的价值

在当前的青少年教育领域，从来都不缺理论和系统，也有各种证书，但是，相对缺乏的是，我们学到的这些东西，如何在家庭中使用？什么时间、什么地点用？和谁一起用？目的是什么？……

这些问题，都指向了一个焦点，就是家庭教育的场景是怎样的？如果我们不知道、不明确这个场景，理论、知识、系统和经验都将是虚无不能落地的，都是浮在空中不能产生价值的。

优度家会，能够提供这样的家庭教育场景。

当前改变人们认知的很多项目，都是给大家设计了这样或那样的场景，才被大家所知的，也才有了巨大的社会价值和经济价值。如樊登读书会提供了一个开车、上班途中听书的场景，ofo 提供了一个出了地铁最后一公里的场景，淘宝、京东将去商店购物的场景转化到在家里用手机、计算机购物的场景……这样场景的设计和转换，使内容得到了传播，得到了使用的机会。

而优度家会将提供一个全家人在一起互动的场景，这个场景可以引入我们所有想象到的内容，如坚持和善而坚定的《正面管教》，提倡一致性表达的《萨提亚家庭治疗模式》，坚持培养从主动积极到不断更新习惯的《高效能家庭的七个习惯》，用结构式问题帮助人们进步的教练技术，以及探索对合作中缺陷理解的心理学……因为，这些成功从来不是拿来观赏的，而是用来造福于民的，用来将之应用到每一个家庭，从而这些研究成果才能"飞入寻常百姓家"。

但就优度家会来说，可以实现如下价值：

第一节　启动暂停键，隔离情绪与家庭教育

冲动是魔鬼。家长对孩子的不理智行为，往往是在强烈情绪爆发的时候做出的，而且情绪越是强烈，反应就会越激烈，这种情况的教育，不管是语言还是行为，都会给孩子以及亲子关系造成不可弥补的创伤。家长们都有过这样的体验，就是在和孩子互动过程中，经常会"后悔"自己在情绪的控制下对待孩子的方式。

但是，情绪又很难控制。那么，怎么样才能把情绪和教育隔离开来呢？

定时召开优度家会将解决这个问题。

家庭中定期召开优度家会之后，我们建议有关孩子教育的问题都放在家会中来处理，而且养成定时召开优度家会的习惯之后，家长们也会有意识地这么做；并且优度家会的设计是每周召开一次，并且召开的时间是上一次家会规划好的，这样，就在家长的情绪和教育之间人为地有了一个时间差，并且这个时间差就起到了一个平缓情绪、冷静思考的作用，因此我们说优度家会将会自动启动"暂停键"。

同时，优度家会中第一个环节的"致谢与欣赏"，也会调整每个人的情绪，尤其是有可能伤害到其他人的情绪，使之能够带着感恩的、欣赏的情绪进入到与家人的互动之中。

对于情绪的调整，这个功能是《正面管教》中的"积极地暂停"，优度家会用工具和流程巧妙地将之落到了实处。

谈到情绪的暂停键，家长们不禁会想起2019年发生的"上海少年跳桥事件"，少年当天在学校遇到了什么的真相已不重要，重要的是当孩子处于情绪激烈的状态下，家长应尽可能疏导孩子不稳定的情绪，直至平静，不用关注事情及事情的背后到底是什么，先按一个"暂停键"，暂时将情绪和家庭教育隔离开。

第二节　将精力放在影响圈，杜绝责备和抱怨

很多时候我们发现，很多人牢骚不断，生活中充满了责备和抱怨。家庭中，很多家长对待处于弱势地位的孩子也是这样，"都是因为你！"。

> 究其原因，在于很多家长将精力放在了关注圈。

关注圈是一个很大的圈，包括生活中所有你关注的事物。

影响圈则比较小，包含在关注圈之中，是那些你可以有所作为的事物。

改变别人、控制别人，是在关注圈的事物。而改变自己是影响圈内的事情。家庭通过主动积极地组织召开优度家会，来改变家庭中的教育场域，给每一个家庭成员，尤其是孩子以归属感和价值感，是影响圈内的事物。通过抱怨、责备的方式，试图控制和改变孩子，则是关注圈内的事情，大部分是无效的，甚至都是起到反作用的。

将精力放在影响圈，通过主动积极，影响圈就能慢慢增大。将精力放在关注圈，经常的反应就是指责抱怨，影响圈就会越来越小。

家长选择优度家会，就是改变自己原来的沟通模式，就是在改变自己，因此，这就是将精力放在影响圈，随着家庭教育场域的变化，孩子一定也相应地变化，从而达到责备和抱怨所达不到的教育效果。

优度助教天团视频链接

第三节　关注根本解，不被症状迷惑

本文分析过孩子不当行为的原因，但是很多家长还是不自觉地被表象所迷惑，如，昨天我刚听到一个消息，我大女儿所在的中学新推出了一个规定，就是要没收所有学生的手机，因为很多家长向学校反映，他们的孩子手机依赖很严重，强烈要求学校没收手机，有的家长慷慨陈词，力陈手机的害处，还有的家长以"不没收手机就转学"相威胁。迫于压力，学校只能推出这样一个规定。

规定发布后，在学生中引起巨大波动，掀起了抵制新规定的"运动"，甚至很多孩子给学生处写联名信、组织"请愿团"，好不热闹。

我不知道最后会以哪种结局收场，但是很清楚，家长们所焦虑的、担忧的是孩子们使用手机的"症状"，却不知道玩手机到什么程度才是手机依赖，什么样是正常使用手机，也不知道造成手机依赖的真正原因是什么？如何才能解决这个问题？

从这里我们还可以推断，这些家长之所以"要求"学校没收手机，是因为他们不知道在家里如何处理这个问题，所以只能寄希望于学校的行政权力。这就是在寻求"症状解"，而且这样的做法还让家长们有满足感——看起来在为孩子们负责，否则就觉得失职，就是不负责任。但是，无数个事实和案例证明，这样的做法只会短期有效，并且会让家长和孩子的关系更加恶化。

我们不管如何爱孩子，不管如何努力，仅仅是剪掉插在身体外面的箭是不够的，还要从根本上去疗愈看不见的"伤口"。

优度家会就是从家庭教育的根本出发，以改变教育场景为入手点，通过场景的改变，引发场域的打造，从而从根本上解决家长和孩子的互动关系。虽然看起来，优度家会比较简单，但是其中暗合了众多当前前沿的家庭教育理念和理论，从根本上去解决问题。

第四节　流程管理，容易入手

说到青少年教育，说到家庭教育，就必须深度学习，就必须是专家、博士，就必须复杂得难以理解才可以，诚然，作为这方面的专家，需要有必需的造诣，但是作为家长，就要容易入手，就要回去就能用，一用要有效。

优度家会在设计的时候，坚持一个原则，就是容易操作、界面友好。它有两个特点，一是只有六步，每一步都用非常容易理解的语言来进行描述，如：致谢与欣赏、主要议题、游戏时间，家长们一看题目，就知道需要怎么做了。二是不管书面介绍还是线下课程，对每一步的介绍都是操作方法以及注意事项，我们并不想在前期就引入更多晦涩难懂的理论和学术来。

再者，对于优度家会——其实就是家庭会议，很多家庭平时也会有这样的安排，并且，不管是大家还是小家，全家人在一起互相陪伴，既是当前的趋势，也是当前的现状，因此，组织优度家会并不太需要特殊的安排，当大家聚在一起的时候，按照流程向下进行就行了，所以在使用上，即使不了解每一步后面的原理和心理学基础，也能运用得很好。不需要先去学习深厚的理论，只要按照步骤一步一步地操作就行了，坚持按照流程，也能让优度家会在家庭中源源不断地进行下去。

同时，清单式的流程，能使家庭教育由感性转变到理性选择，从而降低人为因素、认知因素和感性因素的干扰。

第五节　效果明显，改善家庭关系

优度家会并不是凭空创造出来的，其中的每一步也都有人在有意无意地运用，我们最大的价值，是将其组合起来，形成一个整体。我们对于优度家会每一步的理解和认同，就像史蒂芬·柯维对于他的七个习惯的每一个习惯一样，每一步都有自己的价值和作用，组合起来会产生裂变，能产生出更大的系统价值。

从优度家会的产生到初期的验证，每一个成果都让我们欣喜若狂，只要是真正地按照流程使用这个工具，就可以让家庭教育的场域发生改变，家人之间的互动关系发生改变，由猜疑、误解、提防、抱怨变成了理解、感恩、敞开和安慰。

并且，家庭在持续地使用这个工具的时候，使用者对于工具背后的原理，自然而然会有越来越深刻的理解。

优度家会案例 3：

金爸爸一家的蜕变日记

"这次有幸能到杭州，参与优度家会杭州站，也是我家的另外三位成员影响了我，看到他们每次从优度回去的变化，看到从每一个人给予我的点点滴滴的爱、包容和鼓励。"这是金芳芳女士在 2019 年 5 月优度家会催化师杭州站课后的分享。

金女士致谢与欣赏课堂上的每一位同学——优度家会的每位同学都特别优秀。

"乔静是一位小小的个子但充满大能量的人，从见到她，灿烂的微笑带给你阳光，坚强的心，机灵的脑，有一句话给我印象很深：人要跟优秀的人在一起，我们才会吸收到优秀的点。"

"我们能干的武宗华老师，她说的每句话里都柔软入心。"

"我们的云云，是一位一进入会场就有一种惊人发光的女性。"

"雪飞，我的知心好友，跟她一起特别有信心，特别有安全感。"

"王峰老师第一次让我感到学习可以这样轻松，和善而坚定，不是赢了，而是赢得，终于让我领悟到书中有黄金屋，感恩有你。"

……

金爸爸也是金女士致谢与欣赏的人，"金爸爸太熟悉了，以前感觉你身上缺点数不清，从仇老师让我们去学习致谢和欣赏时，我发觉你的优点跟天上的星星一样多，感觉没有缺点了。"

"佳佳，我的大宝贝，从来带给妈妈自信，不管你是叛逆时，还是现在，妈妈爱你。"女儿佳佳也被金女士致谢与欣赏。

优度家会催化师杭州站正值母亲节，女儿佳佳是这样表白母亲金女士的，"我非常敬佩她，教育孩子更是一项非常巨大和不能重来的'工程'，处在叛逆期的我也给她带来了很多困扰和愤懑，我很感谢妈妈在任何情况下依然没有放弃我，依然爱我，最后等到我的改变。"

"这次的学习，我更直接地聆听到我的爸爸妈妈内心的声音，我更加理解到他们的不容易，我的妈妈是家庭主妇又是事业型女性，她永远为家人着想，做一位我们身后的支持者。以前我总期待她也能加入我、妹妹和爸爸的优度学习，这次听到她要来上课，我很震惊她突破了种种角色，来到了优度，在这次学习中我看到了妈妈的笑容，我甚至有点想流泪，我很少看到妈妈那么开心，我希望她一直这样开心幸福，永远爱您！"女儿佳佳由衷为妈妈来到优度家会催化师课堂开心。

金爸爸一家跟优度教育的故事很长很长，最早要回溯到2018年寒假，金爸爸面对女儿佳佳的叛逆"束手无策"，抱着最后一棵救命稻草的心态，把女儿佳佳送

金爸爸一家杭州求学记

到了优度课程，佳佳则抱着躲开父母的心态来到北京。短短的12天，她从满心的拒绝，到开始动摇，然后最终打开，在分享时向大家敞开心扉，课程结束后她开始学习、思考，金爸爸看到女儿根据仇老师的书单一本本开始啃时很震惊。

再到2018年暑假优度课程时，佳佳已经晋级为一名优度助教，那个暑假妹妹乐乐和金爸爸也一起来到优度，乐乐上学员课，金爸爸上首期的优度家长课，佳佳在家长课上与爸爸的相遇和分享，震动了全场，也深深震动着这对父女。

2019年寒假佳佳再次来到了优度课程，她成为助教和学员眼中的"金导"，背负着大家的期望，大刀阔斧组织优度小年晚会，一场别开生面的优度晚会让大家对那个寒假记忆深刻，尤其是金导在台上的情不自禁"如果没有优度，就没有今天的我……"。

2019 燃爆你的表现力

"优度家会催化师课程，让我收获到满满的正能量，满满的爱。孩子如此的改变，佳佳从一个如此的叛逆和什么都无所谓的女孩，在优度教育的老师的耐心引导下，我的孩子也能如此的优秀，听到坐在一起的家长们一声一声的赞美声，我感觉特别的温馨，小女儿也在每次的分享带来真诚质朴的童心，让每位老师开怀大笑和掌声不断"，金女士在优度家会实战中分享到。

这不是金女士第一次接触优度家会，从2019年寒假优度课程结束后，金爸爸和女儿佳佳就把优度家会带回了家，全家人会尽量抽出时间在家里举办优度家会，每一个人都被当成独立的个体，平等地分享自己的感受和想法。优度家会的主要议题可以是家庭需要决策的大事，也可以是家务活如何分工的生活小事，全家四口都会积极贡献自己的想法和意见，久而久之，家庭中的争论几乎没有，大家都可以平心静气地听到彼此的内心，全家的家庭关系，完全从冰冷对立的 cold 场域，转化为 U 场域——去除三声，平等交流沟通。

"我会把优度家会带给我幸福的爱，传递给身边的每一位朋友。"优度家会催化师杭州站课程的结业典礼上，金女士由衷感言。

2019年优度暑假课程中，金芳芳女士信守承诺，以助教身份助力第三期优度家会催化师课程，将自己对优度家会的理解和感知传递给更多的家长们，以生命影响生命，以家庭影响家庭，优度家会正见证着许许多多家庭的蜕变与成长！

第四章 优度家会的价值

第六节　主题丰富，长短期效果并重

优度家会是一个有效的工具，这个工具可以把很多家庭中的议题放进来讨论，在主要议题中，这些议题包括但不限于：

（1）对家庭中沟通模式的认知。
（2）家庭活动规划。
（3）家务劳动的分工。
（4）日常惯例和家庭规则。
（5）家庭决策。
（6）家庭使命宣言及传承。

这些主题，包括了家庭中短期计划，如家庭活动、家务劳动分工等，也包含了长期规划，如日常管理、家庭使命宣言等，如果没有这样一个合适的形式，家庭中就很难对这些主题进行讨论，得出的结论更难以被孩子们接受。

优度家会的主要议题，可以根据家庭发展情形来确定，家长可以根据自己的家庭状况进行确定，也可以全家进行讨论来确定主要议题。

对于议题的规划，就是家庭中的时间管理，就是在关注家庭中重要的事件，而不是仅仅处理紧急的事件。这很重要！

第七节　双向教育，推动家长不断进步

优度家会初期使用，不仅效果明显，而且使用起来比较简单。但是要想收益更大，能解决的问题更多，就需要家庭成员的意识和能力也随之同步提升。

首先，要想持续地坚持使用优度家会这个工具，就需要家长能够克服各种困难，远离手机，杜绝张口就说，随口就开始教育、指责，要学会闭上嘴，管理好自己的情绪，养成良好的习惯——每周召开一次家庭会议。这对家长来说，都需要练习，都需要改变，都需要进步。

并且，随着主要议题由易到难的推进，还需要家长们慢慢地培养如下的心态和能力：

（1）不抱怨、不指责，拥有主动积极、自我负责的心态。
（2）经常反思、聆听反馈，拥有敏锐的自我觉察能力。
（3）信任孩子、明确使命，拥有专业的教练指导能力。
（4）接纳孩子、互相平等，拥有双向的倾听反馈能力。
（5）不纠结、不焦虑，拥有爱自己、接纳自己的能力。
（6）迎接挑战、和孩子一起成长，具备良好的学习能力。
……

以上只是冰山一角，我们知道，孩子会一天一天地长大，生理的、心理的成长也一天一个样，而家长要想跟得上孩子的变化，就需要进步更快、成长更快，这就需要家长的心态和能力不断地更新。

在优度家会塑造的良好亲子互动过程中，因为平等、安全的交流环境，会让家长更能走进孩子、更能感受到孩子的进步，以及家长期望与现实之间的差距，也更能感受到自己需要完善的地方。更能让家长感受到差距及学习的必要性。

因此，**与其说优度家会是一个教育孩子的工具，不如说它是一个双向教育的工具**，这个工具能呈现出家庭各个部分需要完善的地方，并且会及时呈现和反馈出来。

为了同步家长的教育，优度教育将会在未来的时间，陆续推出各类课程，其课程的特点都会以优度家会作为主线，然后在主线上有机地融入其他课程，如正面管教、萨提亚以及教练技术等，"以生命影响生命，以家庭影响家庭"，推动更多家庭拥有幸福的家庭。

"幸福算法"视频的链接

第八节　具有扩展性，可移植性强

与其他青少年教育系统不一样的是，优度家会是一个改变教育场景的工具，作为一种教育方式，它天然地可以与各种以内容为主的系统相融合，并且不会产生冲突，也不会有"排异"作用。

纵观当前的各种教育流派，大家输出的都是"观点"，以及不同"观点"下的原则和理念，同时还有印证"观点"的个案。不同的观点，是在同一维度下的认知侧面，所以就很难完全相融。

而优度家会，是和"观点"——实质上是与内容完全不一样的形式，它和内容在不同的维度上，所以不会相互干扰，并且两者结合起来，可以产生聚合效应，会相互升华，产生巨大的能量。

进一步说，优度家会本身就是一个多维空间，包含了时间、地点、人物、目的、情感和行为等多个维度，而行为是"观点"的产物。从这个角度来理解，优度家会是一个高维事物，在效应和价值上，具有更强的扩展性和移植性。

同时，优度家会这个有效的形式，也必须和更多的、有价值的内容结合，才能持续地在家庭教育中发挥更大的作用。

第九节　适用性强，适合各类家庭及场合

优度家会是一种有效的教育场景，可以塑造更为开放的、充满理解的、和谐的以及安全的场域，在这样的场域下，可以迅速改变参与者的心态，使之能更好地相互融入。之所以能产生如此的功效，是因为其精心设计的流程以及流程间的逐步推动，因此，只要按照流程进行，就能获得预期的效果。

优度家会推出以来，它在不同规模和结构的家庭中使用，以及在不同规模和架构的团队中使用，都获得了很好的反馈，这些反馈在小到新婚的两口之家，大到三代同堂的十几口的家族会议中都得到过验证。甚至，有些经营团队在团建的过程中，也引入了优度家会，同样取得了非常好的效果。

优度家会案例 4：
云云老师的家族式优度家会

2019 年的除夕。

云云老师家里热闹非凡，全家人团聚在一起，正在准备过春节。

别看平时大家分布在不同的城市，分别在自己的城市中打拼，但是集合起来人数还真不少。

云云老师的先生林先生，是老大。林先生和云云老师带着两个孩子在北京。林先生的父亲已经去世快 10 年了，现在只有老太太和林先生一家生活在一起，老太太身体健朗，平时就帮云云老师带看他们的二女儿。

老太太共有三个儿子，林先生是老大，老二峰先生在山东老家一家事业单位工作，峰先生老实可靠，虽然不是大富大贵，但靠着勤俭持家，在当地也是小康

生活，峰先生有一个儿子，已经上大学了；老三岳先生，现在是在北京开始创业，带着太太和不到 1 岁的孩子，在北京艰苦而又充满激情地打拼着。

从感恩辞诵读开启的年夜饭

十一口人在一起过春节，一定是热闹非凡的。过春节最隆重的场合就是吃年夜饭了，再加上大家聚起来不容易，所以这个年夜饭更是庄重，充满了仪式感。当祭拜完了祖先，放了鞭炮，一桌丰盛的年夜饭就摆在了眼前，大家开始按照长幼辈分，陆续坐在了桌前，不到 1 岁的小孩子，也仿佛感觉到了这与平时的吃饭不一样，非常安静地坐在婴儿车里。

开餐之前，林子先生大声说：谁来带领大家诵读餐前感恩词？

话音刚落，小女儿婉宁马上举手：我来！！

不等回应，就大声向大家说：

请大家双手合十，微闭双眼，和我一起念餐前感恩词！

全家年夜饭前诵读餐前感恩词

> 一粥一饭，当思来者不易，
> 半丝半缕，恒念物力维艰。
> 感恩父母的养育之恩，
> 感恩老师的辛勤培育，
> 感恩同学的互相帮助，
> 感恩师傅的辛勤劳作。
> 以及所有为我们付出的人，
> 大家请用餐！
> 老师长辈请先用餐！
> 请奶奶先用餐！

就这样，婉宁带一句，大家跟读一句。等大家都读完了，大家坐在桌前，把目光投向奶奶，直到奶奶拿起筷子，吃了第一口菜之后，大家才拿起筷子，开始了快乐而又温馨的年夜饭。

欢声笑语，推杯换盏，年夜饭开始了。

一大家子的致谢与欣赏

一般情况下，在山东的年夜饭中，喝酒是一个重要的环节，可是有很多时候，因为喝酒，一些人酩酊大醉，也有的会因说过头的话而不欢而散，对于这个家庭，也曾有过类似的经历。

但是今年就不一样了，当年夜饭进行到主菜刚刚上齐，大家酒兴正浓的时候，云云老师说：如果我们再喝下去，就会喝多，今年呀，咱们换一个方式，开一次大家庭的优度家会，怎么样？

这个倡议，立刻得到了很多人的响应，而对优度家会不太了解的峰先生一家，看到大家都响应，也懵懵懂懂地举起了双手。

立刻，所有的人离开了餐桌，在客厅的地毯上围着茶几，坐了下来。大家都很惊讶，由热闹嘈杂的酒桌氛围，转到一个安静而温暖的家会氛围，怎么会这么快？

优度家会，当然需要一个主席，云云老师说这次我提议的，这次我来当主席,那谁当秘书呢?

她环顾了一周,对大女儿天宁说宁宁这次你来当秘书,记录大家的发言。天宁欣欣然接受。那拿什么当作发言棒呢?

大家在附近找了一下,发现电视遥控器就在旁边,好,就是它了。

一切准备好之后,云云老师说:我是主席,我先来吧!

优度家会的第一个步骤是致谢与欣赏!

"我在这里想特别感谢我的婆婆!",云云老师对着婆婆说:"感谢您两年来帮助我们照顾婉宁!感谢您这两年以来,您远离自己熟悉的家,来到北京,在陌生的北京,帮助我们接送婉宁,给她做饭,照顾她、爱她,感谢您替我们完成任务,您的这些付出,可以让我们心无旁骛地专心于我们的事业……"

云云老师家的优度家会现场

随着云云老师的感谢,现场慢慢地变得安静下来,每个人都仔细地倾听着,这时候,看到奶奶的眼中泛出泪花,一直以来,老人觉得自己从老家来到北京,很不适应,但是为了孩子,克服了很多困难坚持了两年,她以为自己受的苦和受的煎熬别人都不知道,也不理解。但是听到了儿媳妇的这番话语,禁不住热泪盈眶,一切的苦和委屈都消散了,化作了温暖和理解。

就这样,云云老师分别对家人做了致谢,然后其他家人也依次致谢。时间一分一秒地过去了,整个家静谧而温馨,充满了家的味道。不到1岁的孩子,仿佛也感觉到了这个氛围,一开始安静地躺在妈妈身边,两只大眼睛看着发言的人,不哭也不闹,过了一会,慢慢地睡着了,本来睡之前是需要妈妈哄的,这次也很奇怪,一个人躺在大家庭之中,安静地睡着了,这时候,发言人的声音也慢慢地变小了,根本不像在这么多人面前讲话,好像两个人的窃窃私语。

每个人都致谢结束后,然后是欣赏。

又从云云老师开始，依次对每个家人表达了欣赏，欣赏是对别人优点、独特能力以及心态的表达，是需要用心来感受体验的。

这时候，大家发现，每个被欣赏的人都两眼发着光，脸上焕发出闪亮的色彩。内在的价值感油然而生，不再焦虑、不再自卑。

致谢和欣赏这一环节，持续了接近三个小时，每个人都享受着这个过程，每个人都贡献着力量。在这个环节中，之前的误会、抱怨和不满，都消失得无影无踪，之前存在的婆媳之间的、妯娌之间的壁垒，慢慢地消融了。

这时候，大家感受到了大家庭的温暖，同时每一个人都感受到了无穷的力量。

……

优度家会的第一个环节，致谢和欣赏，到此结束了。

随着云云老师的宣布，大家齐声鼓掌，这掌声即是对主席的感谢，又是对优度家会的认可。

一家人规划未来畅谈明天

"现在进入优度家会的第二个步骤：主要议题。这次的主要议题是2019年的规划，现在我先来。"

"2019年，我的规划是，努力做好旅游俱乐部，争取上一个新台阶。"云云老师大声说到，"下面每个人依次来说。"

"我的2019年的规划是，学好英语。"

"我的2019年的规划是，减肥50斤。"

"我的2019年的规划是，学跳街舞。"

"我的2019年的规划是，锻炼身体，每周骑行一百公里。"

……

这时候，家庭中又充满了激情，每个人都意气风发，憧憬了新的一年，规划着新的一年。

"现在是优度家会的第三个步骤，游戏时间。"

之后，全家又进入到一个快乐时光，一开始，是全体人员围成一个圈，玩

"三个字"的游戏，然后又玩"开火车"。过了一会，又分成几个小组玩不同的游戏，大人们去了地下室玩牌，孩子们有的打台球，有的看新年晚会。

夜深了，孩子们渐渐睡去。奶奶也被人劝说着去睡了，她本来玩兴正浓，跟大家打牌打得不亦乐乎，但是大家还是担心她年龄太大，不能熬夜，劝她去休息了。

进入2019年了，大人们也不玩牌了，林先生提议，咱们进行优度家会的第四个步骤吧，回顾与总结。大家说一下，今天晚上的优度家会的感受。

"我先来"，峰先生说："挺好，不再只喝酒，今年这个年过得温馨，是个团结的年！"

"以后，每年都要开优度家会，不但每年都要开，回去后每个小家也要开！"

"这样过年，可以让大家庭更团结，更温馨，我也终于理解了什么是家和万事兴！"

"优度家会，可以让我们消除误解，更好地增进理解，我没想到我在家人心里这么好，以后我会更好地孝敬老人！"

"我回去要带着我们大学宿舍的同学一起开优度家会，这样会让他们更加团结，我也会越来越有领导力。"

……

当大家都说完，云云老师说："下面进入优度家会的第五个环节，确定下届主席。"

她认真地看了下每个人，说："谁愿意做下一届优度家会的主席？"

她的话音未落，每个人不约而同地举起了双手，抢着说。

我来！

我来！

还是我来吧！

第十节　培养孩子的各种社会能力

中国的家长，普遍关注的是孩子的学习成绩。这句话说起来，其实是充满了无奈的，因为，学习成绩、好大学，在 20 年前确实很重要，这几乎决定了一个人的社会地位和前途，因为那个时候，大学生还被称为"天之骄子"。但是，社会发展到今天，大学的差异，除了在进入社会的初期有些作用外，已经不会太多地影响孩子的发展了，真正影响孩子发展的，是他们的社会软能力，是情商，是影响力和领导力，是表现力。

一个学生的自信，很大程度上也来自他们的这些能力，它们包括：

（1）对个人能力的感知力。
（2）对自己在重要关系中的价值的感知力。
（3）对自己在生活中的力量或影响的感知力。
（4）内省能力，有能力理解个人的情绪，并能利用这种理解做到自律以及自我控制。
（5）人际沟通能力，善于与他人合作，并在沟通、协作、协商、分享、共情和倾听的基础上建立友谊。
（6）整体能力，以有责任感、适应力、灵活性和正直的态度来对待日常生活中的各种限制以及行为后果。
（7）判断能力，运用智慧，根据适宜的价值观来评估局面。

以上，即包含各种感知力，也包括良好的品格，以及感恩、付出等美好的情感，这是归属感和价值感真正的来源，而这些都能在优度家会中，在与家人的互动、合作和分享中得到关注、练习和培养。

第五章

幸福必读

本部分内容，主要是为了让大家更好地理解前面的理念和方法而节选的一些有价值的理论或者知识点。希望大家能在每周召开一次优度家会的时间过程中，持续学习和理解。

第一节　催产素

爱与恐惧是对生活最有影响力的两种重要情绪。我们每天的感受、思维和所做的事都会受到二者之一的驱动。这两种情绪都会产生反射性的生物反应。

当我们感到害怕时，一系列激素会自动让我们感到愤怒、想要逃跑或不知所措。当我们感觉到被爱的时候，则会产生其他一些激素，让人觉得安全和愉快。一方面，感觉被他人所爱会让我们充满了快乐，因为我们觉得受到了保护，心灵和思维都处于打开、激情和愉悦的状态；另一方面，当我们感受不到爱的时候，这些激素就会减少，就会让我们封闭自己，压抑身体，局限思维。

100多年前，神经科学家就已经开始从生物化学的角度研究被爱的感觉。他们发现，催产素会促进爱的体验和社交行为。催产素在内分泌系统中的作用开始于母亲怀孕之前，我们出生时仍在继续工作，并且会在生命中持续很长时间。这种激素从脑部流向心脏，并且会行遍整个身体，它的作用是减少压力和启动情绪、情感，包括吸引力、钟爱和幸福。

催产素是一种联系情感的激素，或者叫作爱的激素，它会抵消压力激素对身体的伤害。比如皮质醇，它会让肾上腺筋疲力尽，并且会对身体和脑造成损害，而且有时是非常严重的损害。

催产素在我们的身体内，会参与到许多社交和情绪行为中，这种激素不仅会使人对与自己孩子之间的强力联结做出反应，而且会对与父母、朋友甚至宠物之间的联结做出反应。

表达注意力、理解、赞同和钟爱的非言语的情绪线索会激发催产素。这些线索包括拥抱、亲吻、牵手、凝视某人的眼睛以及其他积极的非言语线索。只有几周大的婴儿就可以做出目光交流和镜像手势，并且可以用微笑和表示愉快的声音参与到这类线索的相互交流之中：

不但如此，并且在人的一生中，催产素还会在我们感觉到被他人所爱时增强愉快、幸福和欢乐的体验。

研究发现，匆匆忙忙的情感沟通很少能获得成功。为了能够意识到我们当下的感受和他人当下的感受，我们需要放慢脚步。

感觉被爱以及它所引发的生物反应是由非言语线索激活的，这些信号包括语气面部表情或者适当的身体接触。与说出口的话相比，非言语线索让我们感觉身边这个人对我们感兴趣，理解并且珍视我们。和他们在一起时，我们会觉得很安全。

在野生环境中，非言语线索也会经常出现，如在逃离了捕食者的追逐之后，动物们通常会用鼻子相互触碰，以此来释放压力。这种身体上的接触可以提供安全感，减轻压力。

的确，语言交流是有意义的，尤其是在与你所爱的人沟通时。但语言的影响力取决于那些没有说出口的内容是否成功地表达了出来，也就是那些无言的交流。如果说话的内容与说话的方式不一致，我们立刻就能感觉出来，而且会变得困惑、充满怀疑，当然也不会觉得被这个人所爱。

为了有效地发现非言语线索，我们需要在每时每刻都暂停忙碌，并关注当下正在发生的事。非言语线索常常来得快去得也快，所以密切关注尤为重要。如果我们太忙碌或者心思被其他事所占据，无法以足够慢的节奏来进行情感沟通，那么就会错过让人感觉被爱的激素在涌动。如果我们无法停下脚步，总是在计划着下一步该干什么，同时完成多重任务，或者只是因为太疲劳而无法集中注意力，那么就会错过感觉被爱或者让他人感觉被爱的机会。

感觉被爱与年龄无关。

我们永远不会因为太老而不能去爱别人。只要身体健康，关于爱与被爱的鲜活记忆，以及那些让我们感觉到自己被人爱着的时候，都会激活催产素。

根据目前的研究成果，我们知道，人不是天生就有能力产生情感联结的。情感联结是一套技能，如果幸运的话，我们在人生的早期阶段就可以学会。但这并不表示只有在婴儿时期才可以学习这套技能，我们在之后的人生阶段中仍然可以学习。就算你现在没有感觉到被爱，或者你从来没有感觉过被爱，也可以学习一些让自己感觉足够安全的技能，从而可以与自我及他人建立深刻的情感连接，释放催产素，体验到那些让你可以克服压力、茁壮成长并且找到幸福的爱。

第二节　青少年的七项重要感知力和技能

（1）对个人能力的感知力——"我能行"。

（2）对自己在重要关系中的价值的感知力——"我的贡献有价值，大家确实需要我"。

（3）对自己在生活中的力量或影响的感知力——"我能够影响发生在自己身上的事情"。

（4）内省能力强：有能力理解个人的情绪，并能利用这种理解做到自律以及自我控制。

（5）人际沟通能力强：善于与他人合作，并在沟通、协作、协商、分享、共情和倾听的基础上建立友谊。

（6）整体把握能力强：以有责任感、适应力、灵活性和正直的态度来对待日常生活中的各种限制以及行为后果。

（7）判断能力强：运用智慧，根据适宜的价值观来评估局面。

如果允许孩子在为家庭生活做有意义的事情时与父母并肩做事、边干边学，他们就会自然而然地培养出这些感知力和技能来。

具有讽刺意味的是，"过去的好时光"的孩子们有机会培养生活技能，却没有多少机会去运用。现在这个世界到处是机会，孩子们却往往还没有准备好。

今天的孩子很少能有自然的机会感受到自己被需要以及自己的重要性，但父母和老师可以精心为孩子提供这种机会。这样做还会带来一个附带好处，那就是当父母和老师以更有效的方法来帮助孩子培养健康的感知力和技能时，孩子们的大多数行为问题也被消除了。

第三节　如何获得美满的婚姻和缔造幸福的家庭

为人夫者有一个首要原则，那就是对另一半的喜爱。我们很容易就能看出丈夫是否爱自己的妻子。如果他爱妻子，就会爱屋及乌，同时也会竭尽全力地为她的幸福生活而努力。

我们可以从情感上来判断他们是否爱着彼此，也可以判断出他们的关系是否和睦：他一定是一个好的伴侣，他一定会努力改善生活，让生活变得更加美好；他一定有逗她开心的能力。

当夫妻双方都认为家庭的幸福大于各自的利益时，才会一起奋斗，和睦相处。他们会将注意力更多地放在对方身上，而不是自己身上。

丈夫不应该在孩子面前将他对妻子的情感表现得淋漓尽致。他们对孩子的关爱和对彼此的情感不是同一种类型，并不是可以互相替代的。如果夫妻表现得太过甜蜜，孩子可能会觉得自己被忽视了，他们会产生嫉妒的心理，会带有攻击性，想要和他们中的一方进行对抗。因此，一对夫妻不应该将关系搞得**太不严肃**。

在这个社会中，男人会有很多接触社会的机会，并且，他们了解各项制度的优缺点，以及社会的道德标准。女性的活动范围则没有男人那么大。所以，在这方面，父亲在家庭中应该担当顾问的角色。当然，他也不是教师，不可以浮夸，而是应该如朋友一样提出一些善意的建议。如果他获得了家庭的肯定，也不用得意洋洋。如果妻子合作能力差，常常提出反对意见，他也不必刚愎自用，或是表现得太过专制，而是应该想方设法摆脱这样的困境，毕竟，争吵是解决不了问题的。

在家庭中，我们不能太重视经济问题，或者因为钱而产生矛盾。女人一般对经济问题比较敏感，或许是因为她们通常并没有经济能力。如果被指责为奢侈浪费，她们会感觉很难过。对于金钱，我们应该在自己能力范围内以合作的姿态来解决。

家庭成员切记不可对父亲提出他能力范围外的经济方面的要求。在最初的时候，我们就应该对财政开支做好规划，避免利益分配不均匀。**父亲应该避免这种错误想法：他可以只凭自己的经济能力为儿子的前途提供保障。**

假如家中不存在任何权威者，那么一定会存在真正意义上的合作。针对子女的教育问题，父母必须一起进行协商，他们不应该出现特别偏爱某个子女的行为。这一点非常重要，绝不是危言耸听。一些孩子之所以会觉得没有自信，那是因为他们认为父母更加偏向于其他孩子。虽然，这些感觉可能是一种错觉，但是，如果父母可以一碗水端平，孩子就不会有这样的感觉。

第四节　关于青春期

　　青春期并不能对一个人的性格发展产生决定性的影响，它只是存在一些危险性而已。

　　青春期的孩子所处的是一个新的情境，所面临的考验也是严峻的。他会认为自己处于生活的前线，因此，潜藏在他生活方式中的一些问题会日益暴露。那些有经验的人总能够在第一时间发觉，如今这些错误已经很明显，到了不容忽视的地步。

　　对孩子而言，证明自己不再是孩子就是青春期中最重要的事。

　　青春期的行为大多是由于想要证明自己可以独立、已经成人、具有男子气概或者女人味而引起的。

　　如果他们认为成长就是获得自由，他们就会开始反抗大人的管制，有些孩子开始学习抽烟，说脏话，或者晚归。他们的父母也会感到惊讶，不知道为什么原本乖巧的孩子会变得那么叛逆。乖孩子其实一直有想要反抗的意愿，然而，只有到了现在，他们拥有了更多的能力时他们才会明显地表露出敌意。

　　一个常常被父亲指责的孩子，看上去温顺安静，其实，他是在静等机会实施报复。当他认为自己拥有力量之后，就会寻找时机攻击父亲，然后离家出走。

　　大部分青春期的孩子会多一些自由空间，父母似乎不再行使他们的监护权。如果父母不给他们自由，他们就会进行反抗，父母越是想要说服他们还不够成熟，他们的反抗心理就会越严重。这种斗争的产物就是他们将萌生出一种反抗的态度。

　　如果一个孩子对于成年期并没有一定的心理准备，当他遭遇职业、爱情、婚姻、社交等问题时，他会非常慌张。他会因为找不到喜欢的工作而自暴自弃，会在见到异性的时候手足无措，和异性交流时，他们会异常羞涩，不知道说什么好。

他会越来越绝望，最后，他会认为没有人理解他而厌恶生活中发生的一切。他不会关注他人，不会主动与人沟通，也不喜欢倾听。他不喜欢工作，不爱看书，只知道胡思乱想。

可见，青春期中的所有问题，都是由于我们缺乏对这些问题的训练和准备。如果对于未来，孩子们充满恐惧，他们必定会用最轻松的办法来处理问题，可是，这些简单的方法都是没有用处的。我们越是对孩子施加命令、告诫、批评，他们就越感觉到迷茫；我们越是推他们向前，他们就越是匆匆后退。

所以这些行为都是没有意义的，有时候甚至会对孩子造成巨大的伤害。

人们总是觉得青春期像妖魔一样，因此感到恐惧不安。如果我们能正确地加以了解，就可以发现：在这个时期，无非是孩子们需要适应社会的新环境，并在生活方式上作出改变，此外并没有其他的影响因素。

可是，一些孩子依旧认为他们的价值和尊严都会因为青春期的到来而渐渐失去，他们不再被需要，他们也不再需要合作和奉献。其实，青春期的一系列问题，都是由于我们心存这样的想法。

后　记

在本书即将出版之时，我又开始忐忑不安起来，内心的那个声音，更大声地拷问着我：这本书到底能给读者带来什么价值？

此时此刻，我终于明白，拖了这么久，忙碌只是一个借口，真正的问题在于，我对上面问题的摇摆不定，有时候充满了信心，觉得不管是理念还是工具，都会给读者带来价值；有时候却又焦虑，生怕浪费了读者的金钱和时间。

做教育，似乎很简单，好像每个人都能讲很多道理，尤其是已经把孩子养大了的家长们，可以讲出很多道理来，看神情，似乎是一副成竹在胸的模样。

但更多的时候，却是很难，这不仅仅是因为每个孩子、每个家长、每个家庭都不尽相同，很难把握住本质。而且还在于，我们的理念和工具，是否能够简单，容易复制和传递？是否不需要太多的时间就可以掌握？否则，只能是图书馆里的一本藏书而已，对家长对教育，并没有什么价值。

好在，好在——这本书在动笔之前，我就给自己定下了目标，一定把它写成一本工具书，要能读完就会操作，不需要更多的学习时间。甚至有时候，为了更容易理解和使用，放弃了很多在理论上"炫技"的机会。

之所以能够达到这样的效果，有很多人的贡献在里面，这些贡献不仅仅是与本书内容相关的方面，同样让我感动的是，很多人在为传播本书所倡导的理念和方法，也在做着无私的奉献。正是这些贡献，可以让我通过下面的讲座、沙龙和课程，使心智教育的理念和方法可以走进家庭（家长）、学校（教师），并改变了很多家庭的命运。

- ☐ 关注心智模式的教育理念和方法
- ☐ 根治手机依赖的家庭教育方式
- ☐ 心智教育——合格家长的必修课程
- ☐ 启动学习原动力——家长角色新解读
- ☐ 如何培养好习惯？
- ☐ 沟通还是战斗？——家庭中的沟通技巧
- ☐ 从心智健康到阳光少年
- ☐ 燃爆你的表现力（寒暑假，青少年课程）
- ☐ 激发你的领导力（寒暑假，青少年课程）
- ☐ ……

我们相信，随着课程清单不断的增加，心智教育一定会走进千家万户，所以下面，我怀着满心的感激，按照优度家会的流程，开始第一个步骤：致谢与欣赏。

优度家会这个工具的产生，是站在众多巨人的肩膀之上，此刻，我的内心充满了感恩，是他们的研究，给我打开了一扇门，让我触摸到家庭教育的边沿，在此一并致谢如下：

◇ [奥] 阿尔弗雷德·阿德勒（Alfred Adler），他所创建的个体心理学，为本书探索不当行为的根源，提供了理论依据和实践指导；

◇ [美] 奥托·夏莫（C. Otto Scharmer），其所著的《U型理论》，为本书内容贡献了家庭变革的实践逻辑及技术，以及作为指导老师，奥托先生的言行和指导，给予了我莫大的信心和鼓励；

◇ [美] 简·尼尔森（Jane Nelsen），她在其所著《正面管教》中所介绍的工具和细节，为优度家会的模型，提供了素材和架构；

◇ [英] 安吉拉·克利福德-波斯顿（Andrea Clifford-Poston），他在其所著《如何读懂孩子的行为》一书中，提供了大量的解决孩子各种行为问题的方法，这使得我的研究可以得以验证。

- ◇ [美]杰弗里·伯恩斯坦（Jeffrey Bernstein），他的《叛逆不是孩子的错》，让我在解决家长们的焦虑的过程中，更容易切中本质，不被表象所迷惑。
- ◇ [美]海姆.G·吉诺特，在他的著作《孩子，把你的手给我》中，对于家长、老师和孩子如何沟通的问题上所呈现出来的智慧，让我在设计和规划主要议题过程中，感到特别地轻松。
- ◇ [美]珍妮·西格尔（Jeanne Segal），我永远忘不了，我在读其所著《感受爱》这本书的过程中的震撼，这极大地提升了我的自我觉察的能力，并将之运用到家长和学员的课程中。
- ◇ ……

感谢美胸汇的廖龙飞先生，正是他的远见卓识以及对团队和家人的爱，才使本书中的理念和工具能迅速推广开来，并使众多家庭受益！

感谢以下的家庭幸福大使，他们或她们在传播心智教育和优度家会的过程中，无私奉献，用自己的星星之火，温暖着社会！

何小军	李　峰	梁光升	陈冠华	蒋蝉容	黄国娟	马秋香	杨微微
乔　静	李　玲	金日红	唐国平	张文静	康爱玲	武宗华	陈李丽
魏鹏云	杜韦娇	孙格平	刘春香	李虹利	江惠红	李栋梁	钟淑芳
王海娟	乐惠芳	胡心怡	颜　蓓	刘佳秀	岳　江	唐曼云	徐　静
黄泽娟	葛慧霞	尚元琴	周元平	王俊杰	蒋　丽	雷翠兰	赵昌凤
李　霞	冯欣然	李雪桦	石双凤	严茂春			

感谢所有的优度学员和优度助教，他们在课程中或者课程外所呈现出来的使命感和爱心，让我看到了未来的希望和自己的使命，让我能够克服种种困难，一直坚持下去！

感谢一直信任我们的家长们，是你们给我动力，让我不停地追求进步，追求卓越！

感谢窦翠凤老师的策划以及与魏庆鑫老师的共同审校，感谢郭灿灿老师的精彩插画！

感谢中国电力出版社的几位老师为本书提供的宝贵意见！

最后，感谢我的女儿们——天宁和婉宁，感谢我的夫人——云云，你们默默地支持，是我的力量源泉！

仇东林

2020 年 1 月 20 日

优度成长公众号　　优度教育公众号

扫码关注，遇见幸福